¿Quién Dices Que Soy Yo?

Un Estudio del Secreto Mesiánico

Juan Novo

En Route Books and Media, LLC
Saint Louis, MO, USA

Make the time

5705 Rhodes Avenue, St. Louis, MO, 63109

Copyright © 2021, 2025 by Juan Novo

ISBN: 979-8-88870-405-9
Número de control de la Biblioteca del Congreso:
2025945048

Todos Los Derechos Reservados.
Diseño de portada por Juan Novo

Ninguna parte de esta publicación puede ser reproducida, almacenada en un sistema de recuperación de datos o transmitida de ninguna forma ni por ningún medio - electrónico, mecánico, fotocopia, grabación o cualquier otro, salvo breves citas en reseñas impresas - sin el permiso previo por escrito del autor.

Los pasajes de las Escrituras en este libro son traducciones al Español del Inglés tomadas de "The Didache Bible, Ignatius Bible Edition, 2020," que contiene comentarios basados en el Catecismo de la Iglesia Católica, y también de: "The New Catholic Study Bible, St. Jerome Edition, (NCSB), Thomas Nelson Publishers, 1985."

Primera Edición

Contenido

Introducción 1

Capitulo 1: LA "CHISPA" 7

Capitulo 2: LA EVIDENCIA 15
    Los Tres Factores Contribuyentes 15
    Evidencia de Secretismo 19

Capitulo 3: UNOS EJEMPLOS 27
    Ejemplos Contra La Vanidad y Beneficio 27
    Ejemplos Sobre Secretismo De Divinidad 28

Capitulo 4: EL "MÁS DE UN DIOS" PROBLEMA JUDÍO 37
    Naturaleza Y Persona 42
    Tres Personas Divinas - Una Naturaleza 46

Capitulo 5: MEDIDAS IMPORTANTES 53
    Razones Por Los Milagros De Cristo (Lista parcial) 58

Razones Por El Secretismo (Lista parcial) 62

La Necesidad De Una Nueva Religion 72

Capitulo 6: CONCLUSIÓN 79

Hablar En Parabolas y El Camino A Emaús 83

Milagros Eucaristicos 95

Por Qué Jesús Murió Por Nuestros Pecados .. 103

Notas Finales 111

Sobre el Autor 113

Introducción

Como se describe en las Escrituras, el mal entró en este mundo a través del ángel caído, Satanás, porque logró engañar a los primeros seres humanos, Adán y Eva, a desobedecer a Dios, cometiendo así lo que la Iglesia Católica llama el Pecado Original: el primer pecado cometido por los primeros seres humanos. Esto resultó, por supuesto, en la ruptura de la íntima relación que habían disfrutado con Dios, el Creador Amoroso de todas las cosas. La reparación y restauración de esta relación rota entre Dios y la humanidad se logró finalmente hace 2000 años con el sufrimiento, la muerte y la Resurrección de Jesús el Cristo, que era - y es para siempre - Dios y hombre en una Persona Divina; el Hijo de Dios Padre.

Este asombroso fenómeno y milagro, que Dios creó para Sí mismo un cuerpo humano, entró en él, y vivió con él y en él hasta la edad adulta, y luego permitió ser brutalmente torturado y ejecutado como un criminal común delante de cientos de testigos no es sólo un hecho histórico con un montón de pruebas contundentes para demostrarlo, sino también la manera perfecta que Él mismo eligió para salvar a la raza humana de la condenación Eterna en el Infierno a causa del Pecado. ¡Esto es sumamente misterioso!

La venida de Jesús al mundo con esta terrible Misión salvífica como objetivo primordial y Misión Principal fue profetizada por los Profetas del Antiguo Testamento a lo largo de los siglos, por lo que realmente no debería haber sido una sorpresa que Jesús fuera el Mesías anunciado para aquellos que estaban familiarizados con las Sagradas Escrituras; a saber, los Fariseos, los Saduceos, los Esenios y los Escribas. ¡Pero eso fue precisamente lo que ocurrió! No sólo lo rechazaron, sino que lo trataron como un vulgar delincuente, y eventualmente, lo mandaron a la muerte. Esta misteriosa y cruda realidad, junto con otros datos curiosos que encontré en las Escrituras, me llevaron finalmente un día a la pregunta concluyente:

¿Por qué estos "expertos" no se dieron cuenta - y por lo tanto, no creyeron - que Jesús era el Mesías prometido? Después de cientos de años de profecías sobre Él, incluyendo dónde iba a nacer y por quién; cuál sería su misión y linaje; de qué tribu vendría;

cuál sería su nombre; cómo iba a ser maltratado por su propio pueblo; que sería llamado Nazareno; que hablaría en parábolas, y muchos otros detalles sobre Él, ¿por qué estos "expertos" en la Ley Judía y las Escrituras no lo reconocieron cuando finalmente vino al mundo? ¿Qué más información podrían haber necesitado y querido que no les fue dado por los Profetas, e incluso, por el mismo Jesucristo en Persona? Esto me daba vueltas en la cabeza.

Un día, abrí la Biblia y leí: "Y cuando bajaban del monte, les mandó [Jesús] que no se lo dijeran a nadie lo que habían visto hasta despues que el Hijo del hombre resucite de entre los muertos. Así que guardaron el secreto, cuestionando qué significaba resucitar de entre los muertos" (Mc 9:9-10). Entonces, pasé unas cuantas páginas y leí, "Y Jesús siguio adelante con sus discípulos por las aldeas de Cesarea de Filipo, y por el camino le preguntó a sus discípulos: '¿Quién dicen los hombres que soy yo?' Ellos le dijeron: 'Juan el Bautista; otros, Elías; y otros, uno de los profetas.' Y les pregunto, 'Pero quién dicen ustedes que soy yo?' Pedro le respondió: 'Tú eres el Cristo.' Y les mandó que no le dijeran a nadie quien era El" (8:27-30). ¿Primero, "que no se lo dijeran a nadie lo que habían visto," y despues, "que no le dijeran a nadie quien era Él"? Me pregunté: "¿Por qué tanto secretismo?"

Estas curiosidades se convirtieron en un proyecto de investigación y las respuestas revelaron no sólo por qué los expertos Judíos no reconocieron a Jesús cómo el Mesías anunciado, sino también un poco sobre el secretismo que Jesus empleo, y tambien, cómo Jesús se preparó para Su Misión Sacrificial; incluso quizás los pasos que Dios tomó para asegurar el éxito de su Misión. Esto condujo a la redacción del presente folleto: "¿Quien Dices Que Soy Yo?", que eventualmente se convirtio en el capitulo 7 de una obra más grande titulada: "Una Raza Redimida." Esta obra más amplia explica brevemente el origen del Universo y cómo llegó a existir el planeta Tierra, la creación de los primeros seres humanos, cómo su relación con Dios se rompio por su pecado que condujo al mal, la enfermedad, el sufrimiento y la muerte, cómo – y por qué – Dios preparó un salvador para restaurar esta relación rota, por que este salvador no fue reconocido cuando finalmente vino, y cómo esta Restauración resultó en la formación de una nueva religión: una religión

Introducción

"Catolica" ("Universal"), establecida nada menos que por Dios mismo en la Persona de Jesucristo. La obra más grande ofrece al lector una imagen más completa del mundo real en el que vivimos; una especie de "bosquejo de la existencia" para llegar a algún nivel de comprensión de la realidad en la que todos vivimos.

La investigación y la redacción de este folleto, así como el trabajo en general, me han acercado mucho más a nuestro tierno Padre celestial; a nuestro Senor Jesucristo, nuestro hermano, Redentor y Dios; al Espíritu Santo, nuestro Ayudador y Consejero; y a nuestra dulce Santísima Madre, Mediadora de todas las Gracias, madre de Jesús y tierna madre de todos nosotros. Y, por último, pero no menos importante, a una apreciación más plena de la Obra que Dios ha realizado por toda la humanidad a través de Cristo, nuestro Señor; una apreciación que sigue creciendo.

Juan Novo

Capitulo 1

"Mientras bajaban del monte, Jesús les mandó: 'No le cuentes a nadie la visión, hasta que el Hijo del hombre resucite de entre los muertos'" (Mt 17:9).

LA "CHISPA"

Por una extraña razón, el pasaje anterior del Evangelio de San Mateo del Nuevo Testamento (NT) me tomó completamente por sorpresa un buen día mientras leía las Escrituras. Aunque había leído y oído ese mismo pasaje innumerables veces, esta vez me impactó de forma totalmente distinta. Las palabras actuaron como una chispa arrojada a un montón de leña seca y mi curiosidad se encendió. "¿No le cuentes a nadie la visión?" Me pregunté: ¿Por qué tanto secreto? Empecé a buscar en los cuatro Evangelios para ver cuántos pasajes similares podía encontrar y me sorprendió lo que encontré. Investigaciones posteriores me llevaron a descubrir que el término "Secreto Mesiánico" (SM) había sido creado para identificar los pasajes del NT en los que Jesús prohíbe la revelación de sus curaciones, exorcismos, milagros e incidentes sobrenaturales, y eventualmente, su verdadera identidad. ¡Esto fue realmente fascinante! Nunca había oído hablar de esto. Y volví a preguntarme: ¿Por qué tanto secreto?

El paralelo al pasaje de San Mateo citado anteriormente en el Evangelio de San Marcos es: "Y mientras bajaban del monte, les mandó que no le dijeran a nadie lo que habían visto, hasta que el Hijo del hombre resucite de entre los muertos. Así que guardaron el silencio sobre el asunto, preguntándose qué significaba aquello de resucitar de entre los muertos" (Mc 9:9-10). ¡Más misterio todavía! Después de leer esto, se me ocurrió: ¿Qué o quién era el responsable de que nada ni nadie interfiriera y/o impidiera la muerte de Cristo para que la Redención fuera una realidad exitosa? Estoy de acuerdo en que puede parecer una pregunta tonta, pero en realidad no lo es. Porque seguramente, si los Fariseos, los Saduceos y la multitud que le gritaron a Pilato que crucificara a Jesús realmente supieran y creyeran que Jesús era el Mesías predicho, y más aún, el Hijo de Dios, Dios encarnado, ciertamente no hubieran exigido Su ejecución, y en consecuen-

Capitulo 1: La "Chispa"

cia, la Redención de la humanidad no hubiera sucedido.[1] ¿Estaría yo aquí, escribiendo esto hoy? Por lo tanto, y es una pregunta muy interesante, ¿Qué y/o quién impidió que los Fariseos, Esenios, Escribas y Saduceos se dieran cuenta y creyeran que Jesús era realmente el Mesías profetizado, el Hijo del Dios Viviente?

Esto me devolvió a la pregunta inicial: ¿Por qué quiso Jesús mantener en secreto su divinidad? Esa pregunta me rondaba por la cabeza, una y otra vez. Yo pensé: "Debe de haber una razón muy buena para esto. Jesús siempre tuvo - y tiene - una muy buena razón y propósito para todo lo que dice y hace." La palabra "Cristo" no es un nombre en absoluto sino un título. Se deriva de la palabra griega "christos" que es una traducción de la palabra Hebrea "meshiah" (Mesías), "el Ungido." Con el paso del tiempo, los significados de las palabras "Mesías" y "Cristo" acabaron siendo uno y el mismo (ver Jn 1:41). Esto explica por qué encontramos la expresión en el NT "Jesús el Cristo," que significa "Jesús el Mesías." Hay profecías en el Antiguo Testamento (AT) que describen al Mesías esperado o al Cristo como el "Hijo de Dios," y tambien, el "Hijo del hombre." Sin embargo, la Enciclopedia Católica afirma que en la época de Cristo, el término "Hijo del hombre" no era ampliamente conocido como título mesiánico.[2]

Al continuar mis investigaciónes, descubrí para mi sorpresa que los Judíos nunca tuvieron una doctrina del Pecado Original (PO), ¡y todavía no la tienen! Este sorprendente hecho me dejó literalmente estupefacto. Según la Biblioteca Virtual Judía "La doctrina del pecado original es totalmente inaceptable para los Judíos. [El] pecado es un acto, no un estado del ser"[3] (contrario al CIC, 404). Así que naturalmente, desde el punto de vista Judío, no había necesidad para que una persona como Jesus, un Mesías del Cielo, es decir, un "Mesías Celestial," viniera al mundo para redimir a la raza humana de tal pecado. No PO quiere decir que no redentor es necesario, y por lo tanto, no habia razon para que Jesús muriera en la Cruz. Por eso es que todos los Judíos y los demas que todavia practican el Judaismo creen que Jesus murió sin ninguna razón válida.

Creo que la falta de esta doctrina crucial debe haber contribuido, tal vez en gran medida, a la mala interpretación de las profecías mesiánicas del AT por los Fariseos, Esenios y el pueblo en general, haciéndoles creer que éstas se referían a lo que yo llamo un "mesias terrenal," un gerrero poderoso de la familia del Rey David que un día vendría a salvar a los Judíos de la servidumbre y darle protección de sus enemigos (ver Ps 17) y no el actual prometido "Mesías Celestial," Jesucristo, que venia para redimir a toda la raza humana. La creencia en un "mesías terrenal" que liberaría a los Judíos de la servidumbre y les traería paz y prosperidad seculares y anunciaría una era de paz mundial era una enseñanza oficial de los Fariseos o de los Esenios. Esta creencia no provenía de los Escribas: ellos básicamente enseñaban la Torá al pueblo; ni de los Saduceos: a ellos no les importaban los Profetas ni sus profecías mesiánicas. Aunque esta creencia sigue existiendo en el Judaísmo rabínico moderno que se basa en las enseñanzas Fariseas, es posible que se originaron en la comunidad Esenia porque los Esenios eran más devotos que los Fariseos. El origen no esta claro. Sin embargo, en acuerdo con la Libreria Virtual Judía, "El mas importante de los tres grupos [Judíos] religiosos fueron [y son] los Fariseos, porque ellos son los 'padres espirituales' del Judaismo moderno." [4] (Evidentemente, los Esenios no son considerados importantes para los Judíos modernos.)

La lógica dicta que esto explicaría, y quizás principalmente, por qué los Judíos no esperaban - y siguen sin esperar - un Mesías Celestial; esta, la causa raíz. Añádale a esto lo siguiente. Como los Judíos estaban completamente ignorante de la Santísima Trinidad, que existe más de una sola Persona Divina, era verdaderamente y completamente inconcebible que Dios Padre iba a enviar un día al mundo Su Hijo Unigénito, y que Él iba a asumir un cuerpo humano, y que iba a caminar por los sendos, junto a ellos, como una persona corriente. Así que, sumando todo esto, no es sorprendente ver por qué Jesús fue declarado culpable de blasfemia cuando le dijo al Sumo Sacerdote, después de Su arresto, la verdad, que Él, en verdad, era Dios. Para los Saduceos, Fariseos, Esenios y Escribas, los "expertos" en la religión, este era el crimen más serio de todos, un crimen castigado sólo con la muerte, ¡pero esta muerte, curiosamente, aseguraría la Redención de toda la raza humana! ¡Qué Misterio!

Capitulo 1: La "Chispa"

Evidenciado por los pasajes anteriores de San Mateo y San Marcos, como Jesus siguio diciendole a sus seguidores y tambien a los que Él curaba que no le dijeran a nadie quien era Él y quien los habia curado, ¿contribuyó este "manto de secreto" a la ignorancia de su divinidad por parte de los Fariseos, los Esenios, los Saduceos y los Maestros de la Ley? La respuesta parece ser "Sí." A pesar de que Jesús realizó milagros sobrenaturales imposibles de realizar por un ser humano: curar a los ciegos de nacimiento y a los mudos, resucitar a los muertos, curar instantáneamente la lepra y las deformidades físicas, expulsar a los demonios, etc., las mentes "condicionadas" de los Fariseos y Saduceos, en fin, de todos los Judíos, no fueron capaces de darse cuenta de que se trataba de Dios en carne y hueso. (Mas en el Capitulo 4 de las "mentes condicionadas".) De hecho, atribuyeron Su poder para realizar estos milagros a Satanás y no a Dios (Mt 12:24). ¡Imaginense eso!

Como mencioné anteriormente, este "fenómeno" muy singular se conoció después de la Resurrección de Cristo como el Secreto Mesiánico (SM), y es importante saber que el SM, junto con los Tres

Factores Contribuyentes (TFC) que se muestran a continuación, fueron y siguen siendo en gran parte responsables de la ignorancia que los Judíos tenían - y todavía tienen - acerca de que Jesucristo fue - y es - el Mesías Celestial predicho: el Hijo del Dios Viviente encarnado. Echamos un vistazo a estos factores.

Capitulo 2

LA EVIDENCIA

Los Tres Factores Contribuyentes

1. No tienen la doctrina del Pecado Original (ver la página 10).
2. Debido a 1, no hay razón para - o expectativa de – un Redentor. (Llevó a la mala interpretación de las profecías mesiánicas).
3. No tienen la doctrina de la Santísima Trinidad (ver la página 39).

El hecho de que los Judíos no tenian una doctrina del Pecado Original, y además, no esperaban un Mesías Celestial que iba a venir para redimir a la raza humana de este Pecado y los demas que le siguieron, y mucho menos, que ese Mesías iba a ser Dios encarnado, todo esto facilitó el ocultamiento de la identidad divina de Cristo, lo cual fue asistido con la "implementación" de la "póliza del secreto" (SM) con el fin de asegurar y llevar a cabo el Sacrificio redentor de Jesus en la Cruz para el beneficio eterno de la humanidad.

En resumen, los TFC combinado con el SM explica plenamente por qué los Judíos no aceptaron a Cristo como el Mesías Celestial - que era entonces y que sigue siendo ahora. Algunos dirán: ¿Entonces qué dices de Pedro, Natanael y Simeón. Ellos dijeron que Jesús era el Cristo, el Hijo de Dios y Rey de Israel. Qué dices de esto? Primero, hay que recordar que en el caso de Pedro, su declaración fue una revelación que le dio Dios Padre (Mt 16:17) y no llegó a esa conclusión por su propia cuenta.

Y en el caso de Simeón, el NT dice que Simeón era: "…un hombre bueno y temeroso de Dios…. que **esperaba la salvación de Israel.** El Espíritu Santo estaba con él y le había asegurado que no moriría antes de ver al Mesías prometido por el Señor" (Lc 2:25-26 [énfasis mío]; NCSB). Aquí no queda plena y explícitamente claro que Simeón comprendia claramente que el bebé que sostenía en sus brazos era el Mesías Celestial, el Hijo de Dios, que venía a redimir a toda la raza humana, porque téngase en cuenta, éste no era el Mesías que esperaban los Judíos, porque la "**salvación de Israel**" era sinónimo con la liberación de los Romanos. Sin embargo, la Iglesia Catolica enseña que Simeón si sabía quién era realmente el bebé por la revelación del Espíritu Santo. Sin embargo, en el caso de Natanael, tal vez el vio a Jesús como el mesías terrenal esperado que, al igual que el rey David, era considerado como "hijo de Dios" y "Rey de Israel" (cf. Salmo 89:26-27), y que ahora fué enviado por Dios para liberar a los Judíos del dominio Romano. En mi opinion personal, no es possible estar absolutamente seguro.

Es importante tener siempre presente en mente al leer el NT que el Mesías que Jesús era (y es) no es el mesías que los Judíos estaban (y siguen) esperando. Ahora nosotros si sabemos que Él era y es Dios, pero ELLOS no lo sabían en ese tiempo. Ninguno de ellos sabían que Jesus era Dios. ¡Ninguno! Y en el caso de la profetisa Ana, encontramos: "Aquella misma hora llegó, le dio gracias a Dios y habló del niño **a todos los que esperaban que Dios liberase a Jerusalén**" (Lc 2:38; NCSB). Aunque esto se refiere claramente al mesías terrenal que esperaban los Judíos, el que iba a "**liberar a Jerusalén**" de los Romanos, también puede significar que Ana le dijo a los que esperaban un mesías terrenal que el niño era en realidad el Mesías Celestial, el que ellos **no** esperaban. Sólo Dios sabe con certeza la verdad de esto, pero la Iglesia Catolica enseña que como en el caso de Simeón, Ana fue inspirada por el Espíritu Santo. Sin embargo, estos ejemplos son casos muy aislados, porque los Fariseos, los Esenios, los Saduceos, los Ancianos, y los Maestros de la Ley, junto con el pueblo Judío, todos estaban esperando ansiosamente un mesías terrenal, de eso no cabe la menor duda, y el registro oficial Judío esta muy claro en este respecto.[5]

En muchas ocasiones (no todas están recordadas en las Escrituras), Jesús le dijo a sus seguidores, así como a los que curaba, que no le dijeran a nadie quién era Él ni quién los había curado. Además, también les dijo que no le mencionaran a nadie ciertos milagros que habían realizado, incluidos los sucesos sobrenaturales que habían presenciado en Su presencia (Mc 1:44, 5:43, 7:36, 8:30, 9:9; Mt 16:20; 17:9). Jesús incluso le ordenó a los demonios - más de una vez - ¡que no dijeran quién era Él! (Mc 1:34; 3:12.) Una excelente explicación de esto se encuentra en la "Catena Aurea" de Santo Tomás de Aquino: "Además, la razón por la que prohibió hablar a los demonios, fue para enseñarnos a no creerles, aunque digan la verdad. Porque si una vez encuentran personas que les crean, mezclan la verdad con la mentira." [6] Esta técnica de mezclar la verdad con la mentira ("medias verdades") fue engendrada por el mismo Satanás y fue utilizada por primera vez con Eva en el Jardín del Edén con resultados catastróficos.

Aunque Jesús le dijo a muchos de los que Él curó que no le dijeran a nadie quien los curó, muchos de estos no le hicieron caso y difundieron la noticia por todas partes. Lo siguiente son ejemplos:

Evidencia de Secretismo

SAN MATEO: "Cuando entró en casa, se le acercaron los ciegos; y Jesús les dijo: '¿Creén que soy capaz de hacer esto?' Ellos le respondieron: 'Sí, Señor.' Entonces les tocó los ojos, diciendo: 'Que sea hecho en acuerdo con su fe.' Y se les abrieron los ojos. Y Jesús les dijo con severidad: 'Asegúresen de que nadie lo sepa.' Pero ellos se fueron y divulgaron su fama por toda aquella comarca" (9:28-31).

Simón Pedro respondió: "Tú eres el Cristo, el Hijo de Dios vivo".... Entonces le mandó estrictamente a los discípulos que no le dijeran a nadie que él era el Cristo" (16:15-16, 20; ver 12:16).

Después de la Transfiguración de Jesús en un monte alto, donde Moisés y Elías hablaron con Jesús: "Mientras bajaban del monte, Jesús les mandó: 'No le cuentes a nadie la visión, hasta que el Hijo del hombre resucite de entre los muertos'" (17:9).

SAN MARCOS: "Y en seguida había en la sinagoga de ellos un hombre con un espíritu inmundo, que gritaba: '¿Qué tienes que ver con nosotros, Jesús de Nazaret? ¿Has venido a destruirnos? Yo sé quién eres, el Santo de Dios.' Pero Jesús lo reprendió, diciendo: 'Calla y sale de él.' Y el espíritu inmundo, convulsionándolo y gritando a gran voz, salió de él. Todos se asombraron, y se preguntaban entre sí: '¿Qué es esto? ¡Una nueva enseñanza! Con autoridad manda hasta a los espíritus inmundos, y los obedecen.' Y al instante se difundió su fama por toda la región circundante de Galilea" (1:23-28).

"Aquella tarde, al bajar el sol, le llevaban a todos los que estaban enfermos o poseídos por demonios.

Capitulo 2: La Evidencia

Y toda la ciudad estaba reunida a la puerta. Y sanó a muchos enfermos de diversas enfermedades, y expulsó a muchos demonios; y no les permitía hablar a los demonios, porque lo conocían" (1:32-34).

"Se le acercó un leproso suplicándole, y arrodillándose le dijo: 'Si quieres, puedes limpiarme.' Movido a compasión, extendió la mano, lo tocó, y le dijo: 'Quiero; queda limpio.' Al instante se le fue la lepra y quedó limpio. Pero él lo reprendió con severidad, lo despidió en seguida y le dijo: 'Procura no decirle nada a nadie; pero ve, muéstrate al sacerdote y ofrece por tu purificación lo que mandó Moisés para que sirva de prueba al pueblo.' Pero él salió y comenzó a hablar libremente del asunto y a difundir la noticia, de modo que Jesús ya no podía entrar abiertamente en una ciudad, sino que estaba fuera, en el campo; y la gente acudía a él de todas partes" (1:40-45).

"Y le trajeron un hombre sordo que tenía un impedimento en el hablar; y le rogaron que pusiera su mano sobre él. Y apartándolo de la multitud, en privado le metió los dedos en los oídos, y escupió y le tocó la lengua; y mirando al cielo, suspiró, y le dijo: 'Eph'phatha,' que es, 'Abranse.' Y se le abrieron los oídos, se le soltó la lengua, y habló claramente. Y les mandó que no se lo dijeran a nadie; pero cuanto más los mandaba [a no decir nada], con más celo lo proclamaban. Y quedaron asombrados de gran manera, diciendo: 'Todo lo ha hecho muy bien; hasta hacerle oír a los sordos y hablar a los mudos'" (7:32-37).

Jesús se dirigió con sus discípulos a las aldeas de Cesarea de Filipo, y por el camino le preguntó a sus discípulos: "'¿Quién dicen los hombres que soy yo?' Ellos le dijeron: 'Juan el Bautista; otros, Elías; y otros, uno de los profetas.' Pedro le respondió: 'Tú eres el Cristo.' Y les mandó que dijeran nada sobre él" (8:27-30).

Similar al pasaje del Evangelio de San Mateo, después de la Transfiguración de Jesús encontramos: "Y mientras bajaban del monte, les mandó que no le dijeran a nadie lo que habían visto, hasta que el Hijo del hombre resucite de entre los muertos. Asi que guardaron el silencio sobre el asunto, preguntándose qué significaba aquello de resucitar de entre los muertos" (9:9-10).

Capitulo 2: La Evidencia

SAN LUCAS: "Al bajar el sol, todos los que tenían enfermos de diversas enfermedades se los trajeron; y él, poniendo las manos sobre cada uno de ellos, los sanó. Y salían también demonios de muchos, gritando: '¡Tú eres el Hijo de Dios!' Pero él los reprendía y no les permitía hablar, porque sabían que él era el Cristo" (4:40-41).

"Mientras estaba en una de las ciudades, llegó un hombre lleno de lepra; y cuando vio a Jesús, se postró sobre su rostro y le suplicó: 'Señor, si quieres, puedes limpiarme.' Y él, extendiendo la mano, le tocó, diciendo: 'Quiero; queda limpio.' Y al instante se le fue la lepra. Y le mandó que no se lo dijera a nadie, sino que fuera a presentarse al sacerdote y que haga una ofrenda por su purificación como Moisés había mandado para darle prueba al pueblo. Pero tanto más siguio corriendo la fama acerca de él, y grandes multitudes se reunían para oírlo y ser curados de sus enfermedades. Pero él se retiró al monte para orar" (5:12-16).

"Cuando llegó a la casa, no permitió que nadie entrara con él, excepto Pedro, Juan y Santiago, y el padre y la madre de la niña. Y todos lloraban y se lamentaban por ella; pero él les dijo: 'No llorén, porque no ha muerto, sino que duerme.' Y se reían de él, sabiendo que estaba muerta. Pero él, tomándola por la mano, la llamó diciendo: 'Hija, levántate.' Y su espíritu volvió, y se levantó al instante; y él ordenó que le dieran algo de comer. Sus padres se asombraron, pero él les mandó que no le dijeran a nadie lo que había sucedido" (8:51-56).

SAN JUAN: Muy curiosamente, no encontré ni un solo ejemplo del Secreto Mesiánico en el Evangelio de San Juan, sólo en los Sinópticos.

* * *

Así que, de nuevo, la pregunta es: ¿Por qué el secretismo? ¿Por qué ordenó Jesús a Sus seguidores, a los curados, e incluso a los demonios que no le dijeran a nadie quién era Él? De hecho, uno pensaría que hubiera sido lo contrario; es decir, que Cristo hubiera querido que todos supieran quién era Él, que el Verdadero Mesías prometido finalmente había llegado, y además, que Él también era el Hijo de Dios: Dios encarnado. Esto hubiera corregido las falsas nociones del "mesías terrenal' que la mayoría de ellos tenían y a las que se adherían. Pero eso no

Capitulo 2: La Evidencia

fue lo que ocurrió; eso no era lo que Jesús quería. ¿Por qué no?

Algunos de los primeros Padres de la Iglesia creían que Jesús le dijo a algunos de los que curó que no dijeran nada sobre los incidentes porque quería enseñarle a Sus seguidores, a los discípulos, el valor de la humildad para evitar la vanagloria, la ostentación, y para no sacarle provecho a la Buena Nueva que iban a predicar y a los milagros que ellos mismos hiban a realizar, y sin embargo, otros Padres de la Iglesia creían que Jesús estaba haciendo todo esto para mantener Su divinidad en secreto, y asi, para eliminar obstrucciones e impedimentos a la Redención de la humanidad a través de Su muerte sacrificial en la Cruz.

Echemos un vistazo a las pruebas Patrísticas al respecto y veamos lo que los primeros Padres de la Iglesia tenían que decir en este respecto. Los siguientes extractos están tomados de la "Catena Aurea" (CA) de Santo Tomás de Aquino.

Capitulo 3

UNOS EJEMPLOS

Ejemplos Contra La Vanidad y Beneficio

En Mt 8:1-4: La curación de un leproso: "Jesús, al curar su cuerpo, le manda que no se lo diga a nadie; **Jesús le dice: Mira que no se lo digas a nadie.** Algunos dicen que dio esta orden para que no desconfiaran por malicia de su curación. Pero esto se dice neciamente, porque Él no lo curó de tal manera que se pusiera en duda su pureza; sino que le ordena que no se lo diga a nadie para enseñar que Él no ama la ostentación y la gloria. ¿Cómo es que a otro, a quien había curado, le da la orden de ir y contarlo? Lo que enseñó con eso fue sólo que debemos tener un corazón agradecido; pues no ordena que se publique, sino que se dé gloria a Dios. Nos enseña, pues, por medio de este leproso, **a no desear honores vanos;** por el otro, a no ser ingratos, sino a referir todas las cosas a la alabanza de Dios." (CA, Vol. I, St. Mt., Parte 1, p. 300. Cris.) [Énfasis mío].

En Mc 1:40-45: La curación de un leproso: "Como si dijera: Todavía no es tiempo de que se prediquen mis obras, no requiero tu predicación. Con lo cual nos enseña **a no buscar honores mundanos** como recompensa de nuestras obras." (CA, Vol. 1I, San Marcos, p. 34. Cris.) [Énfasis mío].

En Lc 5:12-14: La curación de un leproso: "**Y le mandó que no se lo contara a nadie**, para enseñarnos en verdad que nuestras buenas obras no deben hacerse públicas, sino más bien ocultarse, que **debemos abstenernos no sólo de ganar dinero, sino incluso favores**" (CA, Lucas, p. 182. Ambrosio.) [Énfasis mío].

En Lc 5:12-14: La curación de un leproso: "Y aunque el Señor, al dar los remedios, aconsejaba no decírselos a nadie, **nos instruía para evitar el orgullo.**" (CA, Lucas, p.183. Chrys.) [Énfasis mío].

Ejemplos Sobre Secretismo De Divinidad

En Lc 4:41: La declaración de los demonios: "Los demonios confiesan al Hijo de Dios, y como después se dice, **conocieron que era Cristo**; porque cuando el diablo lo vio angustiado por el ayuno [en

Capitulo 3: Unos Ejemplos

el desierto], percibió que era verdaderamente hombre, pero cuando no prevaleció en su juicio [con Pilato] dudó si era o no el Hijo de Dios, pero ahora por el poder de los milagros de Cristo percibió o sospechó que era el Hijo de Dios. Él [Satanás] no persuadió entonces a los Judíos a crucificarlo porque pensara que no era Cristo o el Hijo de Dios, sino porque no previó que por esta muerte él mismo sería condenado. De este misterio oculto al mundo dice el Apóstol que ninguno de los príncipes de este mundo lo sabía, **pues si lo hubieran sabido** [su divinidad] **nunca hubieran crucificado al Señor de la Gloria.**" (CA, Lucas, p. 169. Bede; ver 1 Cor 7-8.) [Énfasis mío].

En Lc 4:41: "Pero a los mismos Apóstoles los ordena que guarden silencio acerca de Él, no sea que, proclamando su divina Majestad, **se retrase la dispensación de su Pasión.**" (CA, Lucas, p. 170. Bede; ver 1 Cor 2,6-9.) [Énfasis mío].

En Mc 1:32-34: La declaración de los demonios: "Porque los demonios sabían que Él era el Cristo, que había sido prometido por la Ley: pues vieron en Él todas las señales, que habían sido predichas por los Profetas; **pero ellos** [los Judíos] **ignoraban su**

divinidad, como también **sus príncipes, pues si la hubieran conocido, no hubieran crucificado al Señor de la gloria.**" (CA, Vol II, San Marcos, p. 29-30. Pseudo-Aug.) [Énfasis mío].

En Mt 17:9: Después de la Transfiguración: "**O, porque si su majestad se publicaba entre el pueblo, éste obstaculizaría la dispensación de su pasión, resistiendo a los principales sacerdotes; y así la redención del género humano sufriría impedimento**" (CA, Vol I, San Mt., Parte 1, p. 607. Remigius.) [Énfasis mío].

* * *

En este último pasaje, San Remigio dice que si la divinidad de Cristo hubiera sido regularmente divulgada, difundida y esparcida ampliamente por todas partes, el pueblo se hubiera enterado de que Jesús era efectivamente Dios en carne, el Verdadero y Mesías Celestial, y eso hubiera evitado que los Fariseos y Saduceos le exigieran tan fuerte a Pilato su ejecución, y el resultado hubiera sido que la Redención de la raza humana no hubiera ocurrído.

Capitulo 3: Unos Ejemplos

Una respuesta por correo electrónico que recibí del Padre George W. Rutler a este respecto contenía lo siguiente: "La explicación de San Remigio se convirtió en la forma estándar de tratar el llamado secreto mesiánico, aunque fue considerado con más frecuencia en tiempos recientes que tradicionalmente por los Padres."

Aunque San Remigio, que vivió entre los años 437 y 533 d.C., no es tecnicamente considerado un Padre de la Iglesia (a pesar de que la mitad del siglo 8 se considera generalmente como el final de la era de los Padres), San Gregorio de Tours se refiere a Remigio como "un hombre de gran erudición, aficionado a los estudios retóricos, e igual en su santidad a San Silvestre." [7] Además, Santo Tomás de Aquino consideró sus creencias y enseñanzas lo suficientemente importantes como para incluirlas en su gran obra, la Catena Aurea.

Los cuatro ejemplos anteriores tienen un peso considerable a la hora de demostrar que lo más probable es que Jesús quería mantener en secreto Su verdadera identidad, al menos durante el mayor tiempo posible, para que los Fariseos y Saduceos (sacerdotes) no llegaran a darse cuenta de que Él era realmente el Hijo de Dios. De esa manera, lo vieran como una blasfemia grave cuando El finalmente dijo que era Dios para ser condenado a la muerte. Esta perspectiva no puede ser ignorada o descartada a la luz de la evidencia aqui presentada.

A la luz de lo anterior, creo que el SM de Cristo tenía por menos dos (si no más) objetivos y propósitos:

1. Enseñarle a los seguidores de Cristo las virtudes de la humildad contra la vanagloria, el orgullo, y el provecho monetario en predicar la Nueva Buena y haciendo milagros.
2. Ocultar la identidad divina de Cristo.

No hay duda que esta "Póliza de Secreto" (SM) contribuyó algo para que Su Misión de redimir la raza humana fuera un éxito. ¿En qué medida? Es difícil saberlo. El relato de San Marcos sobre la Transfiguración (9:9) apoya firmemente este punto de vista: "Y mientras bajaban del monte, les mandó que no le dijeran a nadie lo que habían visto, hasta que el Hijo del hombre resucite de entre los muertos."

Capitulo 3: Unos Ejemplos

PREGUNTA: ¿Por qué se les ordenó no revelar Su identidad hasta **después** de la Resurrección?

RESPUESTA: Para asegurar el arresto, la condena, y la crucifixión en Jerusalén con el fin de redimir la humanidad.

No parece haber una respuesta más lógica. Es muy importante saber que no fue la Resurrección de Cristo la que redimió la humanidad, sino su Crucifixión y Muerte. Por eso los Católicos tienen Crucifijos con el Corpus de Cristo en las iglesias, rosarios, estampas, colgados en las paredes, etc.; para recordarnos de nuestra Redención. Los protestantes no tienen esto. Recuerdo que un día en el trabajo, una Señora protestante me dijo: "¡Ustedes los Católicos todavia tienen a Jesús en la cruz!" Y mi respuesta fue: "Es un recordatorio de nuestra Redención."

Si los Fariseos y los Saduceos hubieran llegado a realizar que Cristo era el Hijo de Dios, ciertamente nunca le hubieran dañado ni un solo pelo de su cabeza. Pero, como todos sabemos, eso no fue lo que ocurrió en realidad, y tenemos que darle gracias a

Dios por ese Bendito Sacrificio que soportó por nuestro bien.

Hay otra cosa en que pensar. Si los Profetas hubieran sido completamente explícitos e incluido en sus profecías que el Mesías prometido iba a ser Dios mismo encarnado, asumiendo un cuerpo humano, y sus instrucciones eran ejecutarlo para redimir a la raza humana, ¿de verdad crees que hubieran hecho tal cosa? ¿Arrestar a una persona que sabían con certeza que era Dios mismo, y consentir que lo torturaran, que lo golpearan, que se burlaran de Él, escupirlo, que le clavaran enormes clavos en las manos y los pies a un madero? ¿Y luego verlo morir de una muerte horrible? ¿Estás loco? ¿Matar a Dios? ¿Y ser responsable y culpable de un crimen tan atroz y abominable para ser enviado al Infierno por toda la Eternidad por hacerlo? Personalmente y realmente, yo creo que nunca hubieran echo cosa semejante. De hecho, si los Profetas les hubieran dado instrucciones explícitas de matar al Hijo de Dios, ¡los Judíos ciertamente hubieran tenido una buena razón para apedrearlos hasta la muerte!

Capitulo 3: Unos Ejemplos

Por lo tanto, parece que la realidad de la Trinidad: tres Personas divinas en una Divinidad, no fue revelada a los Judíos en los tiempos del AT quizás por una razón muy intencionada y específica: para decirlo simplemente, para que los Judíos creyeran que sólo **hay** un sólo Dios, sólo **una** Persona Divina, y esto sería muy útil para ayudar a Jesús a ocultar Su verdadera identidad cuando se embarcó en Su ministerio público - milagros incluidos. La solitaria "unicidad" de Dios fue machacada en la mente Judía con tanta frecuencia y eficacia que nadie sospechaba que pudiera haber más de una sola Persona Divina, y mucho menos, que Él enviaría a Su Hijo al mundo como Mesías para redimir la caida raza humana. En el proximó capítulo, analizaremos por qué los Judíos no tenían una doctrina de la Santísima Trinidad.

Capitulo 4

EL "MÁS DE UN DIOS" PROBLEMA JUDÍO

El PRINCIPAL problema que tenían los Judíos para creer que Jesús era el Hijo de Dios, en particular los Saduceos, Fariseos, Esenios y Escribas, es que desde niños, se les enseñaba explícitamente a ellos, y a todos los niños Judíos, que había un solo Dios: una sola Persona, Todopoderoso, que era Dios, el Creador de todas las cosas. La oración que todos los niños Judíos aprenden a memorizar (y por lo tanto a interiorizar) con respecto a la unicidad monoteísta de Dios es el *Shema Yisrael*, y el primer versículo de esta oración es:

"Escucha, Israel: El Señor, nuestro Dios, el Señor es UNO." (Mc 12:29; ver Dt 6:4.)

Así que, para todos los Judíos, "el Señor es UNO" significaba (y significa) "hay UN sólo Dios," no dos, ni tres, ni cien. Esta unicidad monoteísta de Dios era extremadamente importante para el pueblo Judío porque otras culturas étnicas circundantes, incluidos los Romanos que los gobernaban durante la época de Cristo, eran politeístas y creían y adoraban a muchos dioses, dioses paganos hechos de piedra, arcilla, oro, y otras cosas que obviamente no tenían nada que ver con la creación del universo. De hecho, el primero de los Diez Mandamientos dados a los Judíos a través de Moisés en el Monte Sinaí es:

"Yo soy el Señor tu dios, que te saqué de la tierra de Egipto, de la casa de servidumbre."

Por lo tanto, que alguien viniera y dijera que él es el Hijo de Dios, lo que significa que él también es Dios, que es precisamente lo que Jesús finalmente hizo, era la mayor y peor forma de blasfémia que podría haber entrado en el oído de cualquier Judío, especialmente en el oído de un Fariseo, Saduceo o Esenio, porque eso significaría que hay más de un solo Dios. Esto sería diametralmente opuesto a lo que se les había enseñado durante toda su vida, ¡y que Dios mismo se los había enseñado! Tal afirmación, viniendo de otro ser humano, que es lo que Jesús era para los Fariseos, Esenios, Escribas y Saduceos, era la mayor y peor forma de blasfemia posible, castigada sólo con la muerte. Como esto es lo que Jesús hizo después de ser arrestado y llevado a la casa de Cai'afas, el Sumo Sacerdote de los Judíos, la pena capital de la crucifixión era la única y apropiada manera de castigar este terrible crimen. Y como a los Judíos bajo el dominio Romano no se les permitía ejecutar a nadie, pues esa "autoridad" estaba reservada sólo a los Romanos, los Fariseos, Saduceos y maestros de la Ley (Escribas) exigieron que Jesús fuera crucificado, y después de mucho debate de ida y vuelta, el cruel e injusto acto se llevó a cabo.

Es necesario hacer aquí una aclaración muy importante. El concepto y la realidad de la Santísima Trinidad: el Padre, el Hijo y el Espíritu Santo, no era conocido por los Judíos antes de la llegada de Cristo. Nadie en el mundo conocía este sagrado misterio. Fue el propio Jesús quien enseñó a Sus Apóstoles esta misteriosa y profunda realidad, y empezó por presentarles al Padre, hablando de Él; de cómo Él y el Padre eran uno, por ejemplo (Jn 10:30); y de que la casa de Su Padre (Templo) no era un mercado (Jn 2:16); y cuando los Judíos lo persiguieron por curar en el Sábado, Él respondió: "Mi Padre trabaja todavía, y yo trabajo" (Jn 5:17). Los

Evangelios revelan que Jesús se fue de todos para orarle privadamente al Padre muchas veces durante su ministerio público, y estoy seguro que tambien lo hizo muchas veces antes de eso. A veces, Jesús le oraba al Padre por la mañana temprano, cuando nadie se había levantado todavía (Mc 1:35), y otras veces, durante toda la noche (Lc 6:12). Y luego, Jesús le enseñó a Sus discípulos cómo rezarle a nuestro Padre, ahora conocido como el Padre Nuestro y la Oración del Señor (Mt 6:9).

Los Judíos nunca habían oído hablar de la existencia del "Espíritu Santo" (ver Hechos 19:2). Fue hacia el final de Su ministerio, al acercarse Su Pasión, cuando Jesús habló extensamente a Sus Apóstoles sobre el Espíritu Santo, tercera Persona de la Trinidad, llamándole el "Consolador," el "Consejero": "Aún tengo muchas cosas que decirles, pero ahora no las pueden soportar. Cuando venga el Espíritu de la verdad, **él** los guiará a toda la verdad; porque no hablará por su propia cuenta, sino que hablará todo lo que oiga, y les anunciará las cosas que habrán de venir. **Él** me glorificará, porque tomará lo que es mío y se lo anunciará. Todo lo que tiene el Padre es mío; por eso he dicho que tomará

Capitulo 4: El "Más de un Dios" Problema Judío 41

lo que es mío y se lo anunciará" (Jn 16:12-15) [énfasis mío]. Las palabras "espíritu santo" aparecen muchas veces en los Rollos del Mar Muerto, pero no se refieren al Espíritu Santo, tercera Persona de la Santísima Trinidad. Los devotos Esenios, místicos que escribieron los Rollos, tampoco tenían conocimiento del Espíritu Santo como una Persona divina. A Teófilo de Antioquía se le atribuye ser el primero en usar la palabra "Trinidad" para describir al Dios Trino. (Interesantemente, en Hechos 13:2, el Espíritu Santo habla.)

Nunca lo olvidaré, una vez estaba fuera haciendo trabajos de jardinería y unos Testigos de Jehová se me acercaron y empezaron a hablar de la Biblia. Anteriormente les decia que era Católico, que estaba muy contento de serlo, y ellos se alejaban, pero esta vez continué la conversación lo que les llevó a mencionar que el Espíritu Santo no era una persona sino sólo una fuerza o poder que uno puede obtener estando cerca de Dios. Esto fue demasiada tentación para mí. Les dije que esperaran y fui a buscar mi Biblia. En ese momento de mi vida, no sabía dónde buscar en la Biblia pruebas sobre este tema, así que simplemente la abrí, y milagrosamente, se abrió al

Evangelio de San Juan, capítulo 14. Leí los versículos 15-17, 25, y 26, y salté al 16:12-15 (citado anteriormente), donde se hace referencia repetidamente al Espíritu Santo como "él." Entonces dije: "Como ven bien claro, si el Espíritu es sólo una fuerza o poder, ¿por qué la Biblia se refiere al Espíritu con la palabra "él?" Los dos ancianos se miraron y no dijeron nada, pero los dos más jóvenes estaban realmente entusiasmados e interesados en lo que yo decía, pero antes de que pudiera decir nada más, los dos ancianos cogieron a los jóvenes por los brazos y se los llevaron despidiéndose. Les devolví la despedida y les dije: "¡Que tengan un buen día! Vuelvan cuando quieran. Tengo unos vídeos muy buenos sobre los Testigos de Jehová que les gustarán mucho." No volví a verlos, pero recé por ellos.

Naturaleza Y Persona

Para comprender de algún modo la doctrina de la Santísima Trinidad, primero debemos entender la diferencia y la relación entre naturaleza y persona. En su excelente libro "Theology and Sanity" (Teologia y Sanidad), Frank Sheed explica muy bien este tema. Intentaré sintetizarlo aquí. Dios Padre no es Dios Hijo, y Dios Hijo no es Dios Espíritu Santo, y Dios Espíritu Santo no es Dios Padre. Sin embargo, el Padre es Dios, el Hijo es Dios, y el Espíritu Santo también es Dios, pero no hay tres Dioses, sólo Uno. La clave para entender aquí está en las palabras "persona" y "naturaleza." No hay ningún milagro aritmético aquí donde tres es igual a uno, o que tres personas se meten en una persona, nada de eso. Decir, por ejemplo, que poseo una naturaleza humana significa automáticamente que soy una persona. Ciertamente no sería una persona humana si no poseyera una naturaleza humana, pero soy yo, la persona, quien posee esa naturaleza humana, ¡y no al revés! Por tanto, la palabra "naturaleza" describe "lo que soy," y la palabra "persona" describe "quién" soy. Todos los seres vivos tienen una naturaleza, pero no todos los seres son personas. Si por la noche te sobresalta algo que se mueve entre los arbustos, probablemente digas: "¿Qué es eso?" Y si sale un gato, dirás: "¡Oh, es sólo un gato!" Pero si en cambio ves de repente el perfil de un hombre, no dirías "¿Qué es eso?" sino "¿Quién va allí?" Qué se refiere a la naturaleza del ser y quién a la persona. En el mundo, sólo los seres humanos racionales son personas; nada más lo es. Si llamaras persona a una piedra o a una papa, la gente te miraría raro.

La naturaleza dice lo que somos y también lo que podemos y no podemos hacer. La naturaleza humana nos permite caminar, correr, saltar, pensar, reír, amar, llorar, dormir y muchas otras cosas maravillosas, pero una serpiente sólo puede hacer una de ellas: dormir; y una roca no puede hacer ninguna. La naturaleza de las aves les permite caminar, nadar y volar, pero los humanos podemos hacer las dos primeras cosas, pero no la última (aunque ahora podemos volar en avión). Y la naturaleza del pez le permite vivir naturalmente bajo del agua, cosa que nosotros naturalmente no podemos hacer (ver 1 Cor. 15:39) sin tanque de aire. Aunque es la naturaleza la que determina qué operaciones nos es posible hacer, somos nosotros, las personas, quienes las hacemos. Aunque uno podría estar tentado de pensar que en cada ser humano coexisten dos realidades distintas: el qué (naturaleza) y el quién (persona), o tal vez dos niveles de una sola realidad, no podemos ver con suficiente claridad dentro de nuestras almas para estar totalmente seguros.

Es realmente desconcertante reflexionar sobre el misterio real de nuestra existencia. La única persona que realmente nos conoce muy bien es nosotros mismos; es decir, nadie te conoce mejor que tú mismo, ¿verdad? Sin embargo, si miras dentro de tu alma, de tu "yo," y tratas de ver cuál es la distinción entre el qué y el quién que hay en ti, no es una imagen clara en absoluto, sino más bien velada. Si alguien te pregunta: "Háblame de ti," por ejemplo, "pero omite todas las cualidades que tienes, tu nombre, dónde nacistes y crecistes, y todas las cosas que has hecho en la vida, háblame sólo del yo que posee esas cualidades y ha hecho todas esas cosas," no podrías decirle nada a esa persona sobre tu "yo." Sabes muy bien, por supuesto, que hay algo ahí, alguien ahí, pero como dijo Frank Sheed, está desenfocado, no puedes verlo bien; ¡es como si el alma no quiere que la mires!

Tres Personas Divinas - Una Naturaleza

Aunque no podemos ver tan profundamente en nosotros mismos como para distinguir entre nuestra naturaleza humana y nuestra persona, al menos podemos ver que sólo una naturaleza puede ser poseída y operada por una sola persona. Pero el concepto de que una naturaleza puede ser totalmente poseída y operada - al mismo tiempo - por tres Personas distintas es difícil de ver y entender. No es difícil aceptarlo como cierto, pero es difícil ver lo que significa. Es muy importante notar que las tres Personas distintas de la Trinidad no son tres Personas separadas, sólo tres Personas distintas porque no pueden ser separadas ya que cada una posee totalmente la misma naturaleza divina. Y no "comparten" esta naturaleza; cada una la posee totalmente en su totalidad. Como he dicho antes, puesto que la naturaleza dice lo que somos y lo que podemos y no podemos hacer, cada Persona es Dios, entera e igualmente con las otras dos, y cada una puede hacer todo lo que la naturaleza divina le permite hacer: ser Dios. La única cualidad única de la Unicidad de Dios, la unicidad de la naturaleza divina, es que las tres Personas tienen una sola Voluntad y un solo Intelecto porque sólo hay una naturaleza. A diferencia de tres seres humanos que poseen tres naturalezas humanas separadas con tres voluntades e intelectos separados, lo que significa que los tres piensan de manera diferente, saben de manera diferente, aman de manera diferente y actúan de manera diferente, las tres Personas Divinas poseen totalmente una sola Voluntad y un solo Intelecto. Así, las tres conocen todas las cosas con un solo intelecto y las tres aman con una sola voluntad. Tres Personas, Una Voluntad, Un Intelecto. No tres Dioses. Un solo Dios. Jesús dijo: "Yo y el Padre somos uno" (Jn 10:30). La "Unicidad" de la Trinidad es un Misterio muy profundo.

Es igualmente importante saber que la palabra "Dios" no es el nombre del Padre, ni de Jesús, ni del Espíritu Santo. La palabra "Dios" simplemente se refiere a la naturaleza, la naturaleza divina, y algunas de las características o atributos de esta naturaleza divina totalmente perfecta son: Unidad, Inmutabilidad, Simplicidad, Omnipotencia, Omnisciencia y Omnipresencia. Nosotros los humanos, en cambio, sólo poseemos una naturaleza humana que no tiene ninguna de esas cualidades. Pero el Padre posee la naturaleza divina, Jesús, el Hijo, posee tanto la naturaleza divina como también una naturaleza humana, y el Espíritu Santo posee la naturaleza divina. No comparten la naturaleza divina. Cada uno la posee por entero. Aunque las tres Personas poseen la naturaleza divina, no hay tres Dioses, sino un solo Dios: una sola naturaleza. Por eso es que ¡hay UN sólo Dios! [8]

Cuando los Católicos decimos que hay un sólo Dios, al igual que cuando los Judíos dicen que hay un sólo Dios, en realidad ambos tenemos razón porque de hecho hay una sola naturaleza divina, que es a lo que se refiere la palabra "Dios." Pero esa naturaleza divina, sin que lo supieran los Judíos, que incluían a los Fariseos, Esenios, Saduceos, ancianos y Escribas (maestros de la Ley) está totalmente y completamente poseída por tres Personas distintas: la Santísima Trinidad: un misterio profundo que ha sido enseñado y transmitido de generación en generación por la Santa Iglesia Católica Romana: la Iglesia que es Una, Santa, Católica y Apostólica, fundada por Jesucristo (Dios) hace más de 2000 años. Como la doctrina de la Santa Trinidad es algo que nunca se lo enseñaron a los Judíos, por lo tanto, eran ignorantes de ese misterio. No aparece en ninguna parte del AT, ni en la Biblia Hebrea, ni en el Talmud, ni en ninguna otra publicación o registro escrito Judío hasta la fecha, pero Jesús se la enseñó a Sus discípulos Judíos. La doctrina de la Santísima Trinidad es un misterio muy profundo. Los seres humanos nunca llegaremos a entenderla del todo, ¡pero eso no importa mucho! No es necesario entenderlo completamente. Pero debemos tener la esperanza de un día poder disfrutar de la dicha absoluta de contemplarlos en persona por toda la Eternidad. Sin tiempo.

"Ahora veo con certeza el inmenso efecto que tal doctrina [de la Santísima Trinidad] debe tener en la vida. No es una mera cuestión para teólogos, sino que concierne a toda alma viviente. Todo lo que es permitido por el poder de Dios debe ser guiado por Su sabiduría e impulsado por Su amor. Todo lo que me sucede en la vida, las pequeñas preocupaciones y las grandes angustias, las crisis y los disgustos cotidianos, las penas y las alegrías, los daños que me llegan a través de los pecados ajenos, los grandes crímenes de la historia, las guerras inmensas y devastadoras, las despedidas y los amores y todo el ciclo de la experiencia humana son permitidos por el Poder, que es a su vez sabio y amoroso. Estas tres Personas determinan mi vida, y como camino por la fe, sin duda debo de ser muy paciente en mi actitud ante la vida. ¿Cómo puedo quejarme o criticar la Providencia de Dios, si todo está bajo la triple influencia del Poder, de la Sabiduría y del Amor? Bajo la guía, pues, de este misterio, puedo caminar por el valle de la muerte o por las fronteras más peligrosas del pecado sin perder el valor ni la esperanza. Nada puede hacerme temer. No sé cómo pueden ser distintas, y sin embargo, ser uno, ni puedo conciliar en mi experiencia concreta las afirmaciones de cada uno de ellos. Siempre es un misterio, pero un misterio en el que creo. Todo lo que el Poder permite en el mundo está diseñado en la Sabiduría y sintonizado por el Amor." (P. Bede Jarrett)

Sólo la fe llevará a una persona a creer en la Trinidad. La razón no basta. [9] Como mencioné anteriormente, como Dios está "fuera del tiempo" y por lo tanto trasciende el tiempo, esto significa que Dios conoce cada cosa que ha tenido lugar en la historia humana desde su comienzo hasta su final, y esto,

Capitulo 4: El "Más de un Dios" Problema Judío 51

por supuesto, incluye la necesidad de la Crucifixión de Cristo con el fin de redimir a toda la raza humana. Teniendo esto en mente, para garantizar que la Crucifixión de Nuestro Señor tuviera lugar en el momento adecuado al final de Su Ministerio Público sin interrupciones de ningún tipo, parece que Dios hubiera tenido que tomar ciertas medidas - de antemano - para asegurar el éxito de una Misión tan importante como ésta; un éxito que, no hace falta decirlo, es extremadamente importante para el beneficio eterno de la raza humana. En este sentido, veamos algunas medidas importantes que quizás Dios tomó para asegurar la culminación de la Misión Salvífica de Cristo.

Capitulo 5

MEDIDAS IMPORTANTES

1. Dios no le reveló explícitamente la doctrina del Pecado Original ni la explicitud de la necesidad de su Redención ni a los Hebreos, ni a los Israelitas, ni a los Judíos.

2. Dios no le dio descripciones explícitas o informaciónes detalladas sobre Jesús como el Mesías a los Hebreos, a los Israelitas, o a los Judíos a través de sus Profetas. Isaías es el único Profeta que da más detalles y pistas sobre Cristo en sus profecías. Las otras profecías sólo dan descripciones vagas y crípticas e información oscura sobre Él para que no fuera obvio a las autoridades Judías y al pueblo que Jesús sería Dios en la carne, y por lo tanto, se negaran a que fuera ejecutado evitando así la Crucifixión redentora en detrimento a la humanidad. Aunque había suficientes pistas proféticas combinadas que apuntaban a un Mesías Celestial, los

Escribas, Fariseos, Saduceos, Esenios, y el resto no "ensamblaron las piezas" para darse cuenta.

3. Dios sí les reveló la unidad de Dios, pero les ocultó la realidad de la Santísima Trinidad, lo que condujo a la repetición diaria de la oración Shema sobre la "Unidad de Dios" y a una mentalidad monoteísta dura como una roca. Así, al no revelarle el misterio de la Trinidad en tiempos del AT, la posibilidad de que Dios Padre enviaría al mundo a Su único Hijo, una de las Personas Divinas, en una Misión redentora que incluiría asumir un cuerpo humano, esto nunca entraría en la mente Judía; sería totalmente imposible e inconcebible para ellos pensar eso, y asi lo fue.

4. La Divina Providencia de Dios dirigió y ordenó las vidas de los Hebreos/Israelitas/Judíos de una determinada manera desde el inicio de la adopción como Pueblo Elegido hasta la venida del Mesías que les permitió sufrir graves penurias y sufrimientos de vez en cuando durante su historia (mas como castigo por sus pecados) con el fin de fijar sus mentes firmemente en la esperanza de un "mesías terrenal"

Capitulo 5: Medidas Importantes

(facilitando la ocultación de la divinidad de Cristo) que vendría un dia para liberarlos finalmente de la dominación Gentil; una mentalidad que – creo yo - los Fariseos fueron en gran parte responsables de establecer.

5. Por último, pero no por ser menos importante, Dios impulsó al Mesías a exponer la hipocresía, la pecaminosidad, la falta de comprensión de las Escrituras, y el comportamiento injusto de los Fariseos, los Saduceos y los Maestros de la Ley para que todo el pueblo vieran y escuchen estas falsedades y defectos de estos "expertos en la religion" en frente de ellos mismos, para que estos "expertos" se enfadaran "como locos" con Cristo y tuvieran una buena razón para querer matarlo, asegurando así el Sacrificio Redentor del "Cordero de Dios, que quita el pecado del mundo" (Jn 1:29).

No hay duda de que los números 1 y 2 fueron ciertamente puestos en su lugar por Dios ya que el Judaísmo no tenía - y todavía no tiene - ni la doctrina del Pecado Original ni la doctrina de un Mesías Celestial: Dios encarnado; ambas ausentes del Judaísmo rabínico hasta el día de hoy. Número 3 también fue puesto en su lugar por Dios por la razón indicada en el mismo (también ausente del Judaísmo rabínico moderno). El número 4 no dice que Dios mismo infligió penurias y sufrimientos al Pueblo Elegido, sino que **permitió** que estas cosas le pasáran - en ciertos momentos y con cierta severidad - y no sólo por su propio bien (como castigo por los pecados), sino también por el bien de la humanidad, pues la Escritura dice que un Dios Amoroso castiga a los que ama (Prv 3:12; Heb 12:5-11), y el Jardinero poda su Vid para que produzca más fruto (Jn 15:1-2). Éstas, sin embargo, parecen ser secundarias, mientras que el objetivo principal era el efecto consecuente de aquéllas: esperar un mesías terrenal que los rescatara. Y el número 5 esta bastante claro según se encuentra en las Escrituras, pues la Élite religiosa: los Fariseos y los Saduceos, habían caído efectivamente en una mentalidad hipócrita (Mt 23:13); se creían exentos de pecar (Jn 8:7), no entendían bien algunas de las Escrituras (Mt 22:46), especialmente las profecías mesiánicas, y trataban injustamente a su pueblo (Mt 23:1-4; 13-15).

Capitulo 5: Medidas Importantes

Aqui es muy importante señalar que Dios es el Padre más Tierno y Amoroso con todos, con un Amor, Misericordia y Compasión mucho más allá de nuestra imaginación y comprensión. Una prueba concreta de esto nos fue dada, más allá de la sombra de una duda, al enviar a Su único y Amado Hijo a sufrir una muerte cruel y horrible para nuestro beneficio Eterno, no el Suyo. Así que no me malinterpreten cuando digo que Él permitió que cosas terribles le sucedieran a Su Pueblo Elegido, porque esto no fue sólo como castigo por su pecaminosidad, sino también para asegurar el éxito de la Misión de Su Hijo en el mundo para el beneficio de toda la raza humana. Realmente no se necesita mucho para darse cuenta de que Dios realmente trabaja de maneras muy misteriosas, pero siempre, siempre lo hace desde el puro Amor por nosotros.

Esto nos lleva a plantearnos una pregunta interesante: ¿Por qué se embarcó Jesús en una vida de ministerio público que incluía la realización de milagros sobrenaturales - durante tres largos años - si no quería que nadie supiera quién era Él realmente? ¿La realización continuada de milagros durante tres largos años no llevaría a los demás a pensar que era divino, algo que Él no quería que nadie supiera? Esto, al principio, no tiene sentido, porque uno pensaría que lo último que Él debería haber hecho era realizar milagros, ya que eventualmente se haría obvio que Él no era sólo un hombre ordinario. Pero irónicamente, Jesús tuvo - y quiso - hacer milagros por varias razones para que Su Misión Redentora de Sacrificio fuera un éxito. Creo que algunas de las razones son:

Razones Por Los Milagros De Cristo
(Lista parcial)

1. La razón principal por la que Jesús exorcizó a los demonios de la gente y sanó sus enfermedades es que ahora que eran normales podían ir al Templo para adorar a Dios, porque antes no podían hacerlo. Jesús realmente amaba a Su pueblo, creado a Su Imagen. Quería enseñarles la importancia y la belleza de la Vida, la importancia y la belleza de la Verdad, y quería darles la Buena Nueva sobre el Reino de Dios. También quería curarlos porque los amaba mucho: "Al desembarcar, vio una gran muchedumbre; se compadeció de ellos y curó a los

Capitulo 5: Medidas Importantes

enfermos" (Mt 14:14). "Al enterarse, la gente lo seguía; y él, acogiéndolos, les hablaba del Reino de Dios y curaba a los que necesitaban ser curados" (Lc 9:11).

2. Jesús necesitaba que Sus Apóstoles creyeran en Él para seguirlo y más tarde establecer Su Iglesia en el mundo para la difusión de la Buena Nueva, y esto requería realizar milagros: "Este fue el primero de sus signos, que Jesús realizó en Caná de Galilea, y manifestó su gloria; y sus discípulos creyeron en Él. Después bajó a Cafarnaúm con su madre, sus hermanos y sus discípulos, y se quedaron allí unos días" (Jn 2:11-12).

3. Jesús se comportó de tal manera que los que lo oyeron predicar y fueron testigos de los milagros que realizó no tuvieran ninguna duda de que Él era un hombre dotado de Dios, un profeta tal vez, que había sido enviado por Dios para enseñarlos y ayudarlos con sus problemas y sufrimientos: "Cuando los Saduceos y los Fariseos oyeron sus parábolas, comprendieron que hablaba de ellos. Pero cuando intentaron prenderlo, temieron a la multitud,

porque lo tenían por profeta" (Mt 21:45-46). Sólo sus Apóstoles llegaron a comprender quién era realmente, el Hijo de Dios, pero esto se hizo evidente **después** de la Resurrección.

4. Al realizar milagros sobrenaturales, además de querer ayudar a Su pueblo por amor a él, Jesús se aseguraría de que masas de personas lo siguieran y creyeran en Él para crear un gran número de seguidores; sin un gran número de seguidores, no hubiera sido capaz de atraer la atención sobre Sí mismo, y Jesús necesitaba atraer la atención sobre Sí mismo para atraer a los Fariseos y a los Saduceos que finalmente llevarían Su Misión Sacrificial a un final seguro insistiendo que lo condenaran a la muerte por blasfemia; una Misión que seguiría siendo un misterio y un secreto hasta la Última Cena.

Los Apóstoles no comprendieron - hasta después de la Resurrección - que Su Misión era morir por los pecados de la humanidad. Aunque Jesús les dijo a muchos de aquellos que Él curó que no dijeran quien los habia curado, Él sabia muy bien que algunos iban hacer precisamente eso: ¡es dificil

Capitulo 5: Medidas Importantes

ocultar noticias tan Buenas! Además, para la mayoría de la gente, es difícil guardar un secreto, y Jesús también sabía eso. En algunos casos, exponer secretos da lugar a una amplia difusión, una técnica regularmente utilizada por la prensa sensacionalista moderna. Aunque los propios milagros acabarían atrayendo a grandes multitudes, quizás Jesús empleó esta técnica de forma selectiva para asegurarse la atracción. Por otra parte, las grandes multitudes inhibirían su capacidad para desplazarse de ciudad en ciudad, y además, demasiada atención también atraería a las autoridades Judías y/o Romanas resultando en un enfrentamiento grave antes de tiempo. Sin embargo, Jesús manejó todo con Maestría. No parece descabellado imaginar que tal vez durante el tiempo que Jesús pasó en el desierto después de su Bautismo, preparándose para su min isterio público (las Escrituras dice que fueron cuarenta días), Jesús empezó a formular un plan, o a repasar un plan que ya había formulado para asegurar el éxito de su objetivo principal: su muerte redentora por la humanidad. Parecería que parte de este plan tendría que incluir no revelarle a nadie quién era Él hasta que Su Misión estuviera llegando a su fin, al menos por unas pocas razones:

Razones Por El Secretismo
(Lista parcial)

1. Revelar su divinidad probablemente asustaría a la gente y las alejaría en lugar de atraerlas, y como he mencionado antes, Jesús necesitaba tener seguidores para que su misión tuviera éxito. El temor a Dios es quizás un rasgo de la naturaleza humana que se remonta a Adán y Eva.

2. Jesús le dijo a algunos de los que curó (quizás a la mayoría) que no dijeran nada de los incidentes porque quería enseñarle a sus seguidores el valor de la humildad, a evitar la vanagloria, la ostentación, y a no sacarle beneficios de la Buena Nueva que iban a predicar y de los milagros que ellos mismos realizarían.

3. Como mencioné anteriormente, Su naturaleza divina tuvo que permanecer en secreto para asegurarse de ser condenado a la muerte por los

Capitulo 5: Medidas Importantes

Fariseos, Saduceos, ancianos y Escribas cuando les reveló esta verdad. San Pablo escribió: "Pero nosotros impartimos una sabiduría secreta y oculta de Dios [el Mesías sería Dios encarnado], que Dios decretó antes de los siglos para nuestra glorificación. Ninguno de los gobernantes de este siglo entendió esto; porque si lo hubieran entendido, no hubieran crucificado al Señor de la Gloria" (1 Cor 2:7-8).

Al principio de su ministerio, Jesús le dijo a Simón y a su hermano Andrés: "Siganme, y los haré pescadores de hombres" (Mt 4:18-19), pues iba a enseñarles, al igual que a sus demás Apóstoles y discípulos, a convertir a los pecadores en Cristianos. Sin embargo, en la otra cara de la moneda, Jesús también iba a enseñarle a sus Apóstoles y discípulos a desenmascarar la hipocresía, la ignorancia de las Escrituras, y la dureza de corazón de los Fariseos, los Saduceos y los Escribas para que sus seguidores no los imitaran.

Si los Fariseos, Esenios y Saduceos se hubieran enterado al comienzo de los tres años de ministerio de Jesús de que el Mesías largamente esperado era Dios en carne y hueso y que por fin había llegado, las cosas hubieran resultado muy distintas: seguramente no hubiera sido condenado a la muerte por los Judíos. Por otra parte, si su crucifixión hubiera tenido lugar al comienzo de su ministerio público, Jesús no hubiera podido anunciar la Buena Nueva, curar a los enfermos y expulsar a los demonios de los poseídos como hizo durante esos tres años de su ministerio, pero lo que es más importante, no hubiera tenido tiempo para reunir y formar a sus Apóstoles, no sólo para su labor misionera , sino también para establecer su Santa Iglesia despues de su Ascensión.

Si Cristo le hubiera dicho a Simón Pedro al principio: "Buenos días Simón. ¿Cómo estás hoy?" Y Pedro hubiera respondido: "Muy bien, gracias Señor. ¿Y se puede saber quién es ústed?" Y Cristo hubiera dicho: "Yo soy tu Señor y tu Dios." No creo que Pedro se lo hubiera tomado muy bien. Y si Pedro se hubiera quedado allí con la boca abierta en señal de incredulidad después de que Jesús dijera esto, y Cristo hubiera agitado las manos para producir truenos y relámpagos para demostrar que Él en verdad era Dios, no creo que Pedro se hubiera quedado ahi mucho más tiempo después de eso. ¿Y usted? Por lo tanto, parece lógico que una parte muy importante del plan de Jesús era revelar gradualmente quién era Él a sus Apóstoles para no asustarlos. Esto, por supuesto, tiene mucho sentido. Como Jesús había adquirido un cuerpo humano, gracias en gran parte a su Santa Madre, María (nuestra Madre también), este cuerpo humano ciertamente ayudaría a mantener su identidad divina en secreto, ya que nadie sospecharía jamás que el hombre llamado Jesús de Nazaret, el hijo de José el carpintero, era Dios. ¿Cómo podía Jesús ser Dios, si era muy obvio que era una persona humana como ellos? En el Evangelio de San Mateo, encontramos una declaración relevante que fue hecha por un residente de Nazaret, el pueblo de donde era Jesús:

"Terminadas estas parábolas, Jesús se fue de allí, y viniendo a su tierra, les enseñaba en la sinagoga de ellos, de modo que se asombraban y decían: '¿De dónde ha sacado éste esta sabiduría y estos milagros? ¿No es éste el hijo del carpintero? ¿No se llama su madre María? ¿No son sus hermanos Santiago, José, Simón y Judas? ¿Y no están todas sus hermanas con nosotros? ¿De dónde, pues, ha sacado éste todo esto?' Y se escandalizaban de él. Pero Jesús les dijo: 'Un profeta no es sin honra sino en su propia tierra y en su propia casa.' Y no hizo allí muchos milagros, a causa de la incredulidad de ellos" (Mt 13:53-58; ver Jn 6:42). Es interesante observar aquí que la fe en Jesús casi siempre daba lugar a la realización de un milagro en beneficio del creyente, mientras que la falta de fe casi siempre la sofocaba. A este respecto, se encuentra lo siguiente en la Catena Aurea: "O dice **muchos**, porque había algunas personas que no podían ser curadas a causa de su infidelidad. Por eso curó a muchos de los que fueron traídos, es decir, a todos los que tenían fe." [10]

Jesús sabía que iba a ser crucificado por los Romanos a la instigación de los Fariseos y los Saduceos con mucha antelación; de hecho, antes de la Creación del Universo. Ese era el objetivo principal de su misión: sacrificarse voluntariamente y entregar su vida para redimir a la raza humana. ¿Cómo iba asegurárse de que lo ejecutaran? ¿Iba a cometer un gran robo? ¿O cometer adulterio con la mujer de alguien? ¿O dar falso testimonio contra una persona inocente? ¿O tal vez matar a alguien?

Capitulo 5: Medidas Importantes

No, nada de eso. Dios no comete crímenes y tampoco miente.

Entonces, ¿cómo iba a provocar su condena para ser condenado a la muerte? **Diciendo la verdad**: que era el Hijo de Dios, el Mesías prometido. Aunque esta era la verdad, en los ojos y oídos de los Fariseos, Saduceos y ancianos, esto era un crimen: un crimen castigado con la muerte. ¿Por qué? Porque pensaban que sólo era un ser humano. No creían - y no podían creer - que fuera Dios en la carne, porque en sus mentes, Dios nunca se rebajaría y asumiría un cuerpo humano. Esto era inconcebible para ellos. Además, los Fariseos estaban tan ocupados asegurándose de que todos cumplieran los 613 mandamientos (Mitzvot) y fuéran fieles a la Torá y a las muchas regulaciones Kosher que tenían para que el Mesías viniera pronto y los liberára de los Romanos que no estaban siguiendo el "Espíritu de la Ley": los principios que hay detrás de los Diez Mandamientos y los preceptos más importantes de la Ley (ver 2 Cor 3:6; Mt 23:23-28); ni estaban en sintonía con ellos, especialmente con las profecías relativas al Mesías Celestial prometido. Si hubieran sido plenamente conscientes de su verdadero significado, hubieran sabido que Jesús era realmente el Mesías prometido.

Una referencia al Mesías Celestial, una muy singular, se encuentra en el Salmo 110:1 donde encontramos a David diciendo: "El Señor le dice a mi Señor: 'Siéntate a mi derecha, hasta que ponga a tus enemigos por estrado de tus pies.'" El primer Señor mencionado aquí debe ser una referencia a Dios Padre o a Dios Espíritu Santo (ya que es el Espíritu quien habló a través de los Profetas), y el segundo Señor mencionado es una referencia a Jesús, el Señor de Señores, descendiente de David y el Mesías. Jesús le mencionó este pasaje específico del AT a los Fariseos para interrogarlos sobre el Mesías a ver que decian:

"Cuando unos Fariseos se reunieron, Jesús les preguntó: ¿Qué piensan del Mesías. De quién es descendiente? Le respondieron: Es descendiente de David. ¿Entonces por qué, preguntó Jesús, el Espíritu inspiró a David que lo llame 'Señor'?' David dijo: 'El Señor le dijo a mi Señor: siéntate aquí a mi derecha hasta que ponga a tus enemigos bajo tus pies.' Si entonces David lo llamó 'Señor,' ¿cómo puede ser el Mesías descendiente de David? Nadie le

Capitulo 5: Medidas Importantes 69

pudo dar una respuesta a Jesús, y desde aquel día, nadie se atrevió a hacerle más preguntas" (Mt 22:41-46; NCSB).

Nótese que en lugar de hacerle esta importantísima pregunta a los Saduceos o a los Escribas, Jesús le preguntó precisamente a los Fariseos quién creían ellos que era el Mesías, y muy probablemente porque Él sabía que los Fariseos no conocían la interpretación correcta de las profecías mesiánicas, y a demas, estaban propagando la falsa enseñanza del "mesías terrenal" por todas partes durante mucho tiempo. Y sin embargo, Jesús escogió a un Fariseo, Saulo (San Pablo), uno de los peores de todos los Fariseos, ¡para difundir el Evangelio a los Gentiles! ¡Qué oportuno!

Aunque es un poco difícil de entender porque las profecías mesiánicas del AT no son explícitas y algo "oscuras," todas ellas proclaman, de una forma u otra, que el Mesías que Dios le prometió a los Judíos iba a ser un Mesías Celestial y no un mesías terrenal como malinterpretaron los Fariseos y Esenios. Jesús, el Mesías prometido, era y es "el León de la tribu de Judá, la Raíz de David." [11] Iba a ser el verdadero Hijo de Dios, divino y humano a la vez, en una sola Persona: el Hijo de Dios que se hizo hombre por obra del Espíritu Santo, poseedor de una naturaleza Divina, [12] y el hijo de hombre por María, poseedor de una naturaleza humana. [13] ¡Dos naturalezas en una Persona divina! (Ver el Capítulo 4.)

Los Saduceos - y especialmente los Fariseos - lográron que la multitud presente en el arresto de Cristo se pusiera de su lado y condenara a Jesús cuando Pilato se lo presentó: "Entonces los sacerdotes y los ancianos persuadieron al pueblo para que pidieran a Barab'bas y destruyeran a Jesús" (Mt 27:20). Después de que Pilato mando azotar a Jesús, le preguntó a la multitud qué querían que hiciera con Él, y la multitud respondió: "Nosotros tenemos una ley, y por esa ley debe morir, porque se ha hecho Hijo de Dios" (Jn 19:7). ¿Quién crees que estaba gritando esto? A mí me suena a Fariseos y Saduceos mayormente. Desde otro punto de vista, la multitud pedía la liberación del rebelde Barab'bas - en lugar de Jesús - porque Barab'bas representaba para ellos mas al "mesías terrenal" que Jesús; el tipo de Mesías que ellos esperaban, el que podría liberarlos del dominio Romano. Sin embargo, el núcleo del Secreto

Capitulo 5: Medidas Importantes

Mesiánico obviamente había funcionado y Jesús estaba en camino para completar la Misión que Su Padre le había encomendado: una Misión de Amor que lo llevaría al Calvario por NUESTRO bien.

Sólo los Fariseos, los Saduceos, los Escribas y los ancianos tenían problemas con Jesús. GRANDES problemas. Los Romanos no tenían problemas con Jesús; Jesús no era enemigo de los Romanos. Pilato incluso lo dijo: "Después de haber dicho esto [Pilato], salió otra vez a los Judíos y les dijo: '**No encuentro en él ningún delito**'" (Jn 18:38) [énfasis mío]. Las Escrituras no dicen que Jesús, en ningun instante, le pidió perdón a los Fariseos, Saduceos y Escribas cuando los ofendió, y con razón, porque se lo merecían. En la sociedad Americana políticamente correcta de hoy, Jesús sería "tirado debajo del autobus" muchas veces y seguramente silenciado por los gigantes de los medios sociales por todo lo que les dijo. Un ejemplo: "Entonces se acercaron los discípulos y le dijeron: '¿Sabes que los Fariseos se escandalizaron al oír estas palabras?' Él respondió: 'Toda planta que no haya plantado mi Padre celestial será desarraigada. Dejalos; son guías ciegos. Y si un ciego guía a otro ciego, los dos caerán en una zanja'" (Mt 15:12-14).

La Necesidad De Una Nueva Religion

¿Qué le hicieron los Judíos al Mesías Celestial prometido cuando finalmente vino? Como no se dieron cuenta de que Jesús era el Mesías Celestial enviado por Dios Padre, instaron e instigaron a Poncio Pilato a crucificarlo porque afirmaba ser Dios. Indudablemente, los Saduceos, Fariseos, Ancianos y los Escribas NO iban a salir al mundo - después de la Muerte y Resurrección de Cristo - a predicar la Buena Nueva: el Evangelio de la Salvación sólo a través de Jesucristo. Es muy obvio, como está registrado en las Escrituras, que ellos no hubieran hecho eso - y de hecho no lo hicieron. Es más, todavía odiaban a los seguidores de Cristo, los "Cristianos," como se les llamaban entonces, después de Su Resurrección, ¡e incluso inventaron mentiras sobre que Jesús no había resucitado de entre los muertos! (Mt 28:11-15.) También persiguieron y apedrearon hasta la muerte a algunos de los primeros Cristianos (Hch 6:8-15; 7:1-60). Saulo, un Fariseo, que más tarde sería conocido

Capitulo 5: Medidas Importantes

como San Pablo, fue uno de los encargados de las persecuciones y lapidaciones (Hch 8:1-3).

Y por si esto fuera poco, después de que los Apóstoles fueron encarcelados por Cai'afas y los Fariseos porque estaban atrayendo a una gran multitud – como había hecho Jesús – con sus curaciones y expulsiónes de demonios, vino un ángel, los liberó de la prisión y les dijo que fueran a predicar al Templo, y cuando fueron descubiertos y los volvieron a Cai'afas, éste les dijo: "Los ordenamos terminantemente que no enseñaran en este nombre [de Jesús], y sin embargo aquí han llenado Jerusalén con sus enseñanzas y pretenden **traer la sangre de este hombre sobre nosotros....** los golpearon y los ordenaron que no siguieran hablando en el nombre de Jesús" (Hechos 5:28, 40) [énfasis mío]. Después de instigar repetidamente a Pilato para que crucificáran a Jesús, diciéndole incluso: "¡Su sangre sea sobre nosotros y sobre nuestros hijos!" (Mt 27:25), ¿Cai'afas afirma ahora que son inocentes de la sangre de Jesús? ¡No puedo imaginar una cosa más irresponsable, cobarde, patentemente falsa y atroz que decir! Jesús estaba tan claro cuando los llamó con todos esos nombres: "¡Ay de ustedes, Escribas y Fariseos, hipócritas! porque son como sepulcros blanqueados, que por fuera parecen hermosos, pero por dentro están llenos de huesos de muertos y de toda inmundicia. Así también ustedes por fuera parecen justos a los hombres, pero por dentro están llenos de hipocresía y de iniquidad" (Mt 23:27-28).

Conviene aqui hacer una aclaración sobre el Judaísmo. El lector no debe suponer que estoy fomentando el antisemitismo cuando afirmo que el Judaísmo quedó obsoleto con la venida de Cristo y fue suplantado por el Catolicísmo como religión a través de la cual se obtiene la salvación. El antisemitismo es el prejuicio o el odio contra el pueblo Judío, que es muy diferente. "Semitas" se refiere a ciertos pueblos, en particular a los Judíos (los Árabes también son semitas). Sin embargo, el Judaísmo es una religión, no un pueblo. Por favor tomen nota. Jesús vino a establecer una NUEVA Alianza con toda la humanidad y sellarla con SU Sangre, no con la sangre de un animal inocente (ver Heb 9:11-15), y consecuentemente, también una NUEVA religión, una nueva Iglesia, cuyos miembros, los Catolicos, el "Nuevo Pueblo Elegido," por así decirlo, se esparciría por todas partes del mundo y predicaría

Capitulo 5: Medidas Importantes

la Buena Nueva de Salvación a través de Él para el Beneficio Eterno de la humanidad. Si los Judíos hubieran aceptado a Jesucristo como el Mesías y Redentor de la humanidad, el Judaísmo hubiera sido la religion "Católica" que todos deberían seguir, pero evidentemente, no fue así. ¡Dios no quiere que practiquemos una religión que todavia esta esperando el Mesías cuando ya vino! Así que el Catolicísmo se convirtió en la Nueva y Verdadera Religión a seguir desde Cristo en adelante. Los Pactos Judaicos del AT fueron suplantados por el Nuevo Pacto de Cristo (ver Heb 8:6-13).

Evidencia adicional de que Cristo estableció una nueva religion es cuando Cristo le dijo a sus Apóstoles "edificaré **mi Iglesia**" (Mt 16:18), esto obviamente significaba una NUEVA Iglesia, una NUEVA religión, porque el Judaísmo, con su Segundo Templo y sinagogas, ya existía y estaba bien establecido por bastante tiempo. Así que la "Iglesia" que Jesús estaba construyendo era NUEVA, [14] y Universal. Como los Judíos rechazaron a Jesús, Él vio la necesidad de prescribir nuevas doctrinas y nuevos modos de culto y eso significaba una nueva religión. (El Catolicísmo es el "portal" a través del cual se puede entrar en el Cielo después de la muerte.) Por eso el Judaísmo se volvió obsoleto y ya no tenia que ser seguido por nadie con la venida de Cristo, y esto incluía a los Judíos. Después de la Ascensión de Cristo, los Apóstoles fueron al Templo y le dijeron a los Judíos que se convirtieran a la nueva religión (Hch 3:1-26; 4:1-4), y Jesús les había advertido que serían azotados en las sinagogas por intentar de convertir a los Judíos a la nueva religión (Mc 13:9; Hch 5:40-42). Algunos dicen: "Si rechazamos a Jesús no significa que también rechazamos al Padre en el Cielo," pero se equivocan, pues Jesús dijo: "El que oye a ustedes, oye a mí, y el que rechaza a ustedes, me rechaza a mí, y el que me rechaza, **rechaza al que me envio**" [el Padre] (Lc 10:16) [énfasis mío]. Y en San Juan encontramos: "....el Padre ama al Hijo y ha entregado todas las cosas en su mano. El que cree en el Hijo tiene vida eterna; el que no **obedece** al Hijo no verá la vida, sino que la ira de Dios caerá sobre él. Quien no honra al Hijo, no honra al Padre que lo ha enviado" (Jn 3:35-36; 5:23) [énfasis mío]. Jesús también dijo: "...nadie viene al Padre, sino por mí" (Jn 14:6). Muchas autoridades Judías creyeron en Jesús, "Sin embargo, incluso muchas de las autoridades creían

Capitulo 5: Medidas Importantes

en él, pero por miedo a los Fariseos no lo confesaban para no ser expulsados de la sinagoga; porque amaban más la alabanza de los hombres que la alabanza de Dios" (Jn 12:42-43).

Muchas personas inteligentes y razonables no son conscientes de que el Catolicismo es la única religión verdadera en el mundo porque no han tomado el tiempo para estudiar las religiones del mundo y sus orígenes, pero una vez que lo hagan, quedará muy claro. Algunos preguntarán: "¿Y si estás equivocado diciendo que el Catolicismo es la única religión verdadera?" Y mi respuesta es: "No puedo estar equivocado, porque Cristo enseñó que esto es verdad, y como Él es Dios, yo sé que Dios no miente y sabe de lo que habla. La cuestión no es que yo pueda equivocarme, sino que es imposible que Dios se equivoque. Por eso sólo lo sigo a Él y a la religión Católica que Él estableció.

Capitulo 6

CONCLUSIÓN

En la página 957 de "A New Catholic Commentary On Holy Scripture," de Thomas Nelson Publishers, 1984, se señala que dos teólogos Luteranos Alemanes, Georg William Wrede (1859-1906) y Rudolf Bultmann (1884-1976) creían que el Apóstol San Marcos inventó el secreto mesiánico (que Jesús nunca dijo nada de esto) y lo añadió a su Evangelio para que sirviera como única razón por la que Jesús no había sido reconocido como el Mesías, el Hijo de Dios, por los Judíos. Wrede publicó este punto de vista en 1901. [15] Este mismo Comentario también señala que el teólogo Metodista Inglés, Vincent Taylor (1887-1968) no estaba de acuerdo con este punto de vista y creía que la verdadera identidad de Jesús no fue revelada al público hasta después de la finalización de Su Misión (Muerte y Resurrección) porque este era Su "Destino" (ver Mc 9:9); es decir, para asegurar el cumplimiento de Su Misión, lo que concuerda con San Bede, San Pablo (1 Cor 2:6-9), y

San Remigio como se señaló anteriormente (ver págs. 28-32). En mi humilde opinion personal, es muy dudoso, si no del todo imposible, que el Apóstol San Marcos insertara tales mentiras, independientemente de las buenas intenciones, sobre su Señor en su Evangelio considerando las malas consecuencias de hacer esto, y además, que tanto San Mateo como San Lucas copiaron a San Marcos en esta falsedad (el Evangelio de San Marcos fue escrito primero). No obstante, no me sorprende que los dos teólogos protestantes mencionados dieran rienda suelta a su imaginación en este respecto; desde luego, no fue ni la primera ni la última vez que han aparecido especulaciones Bíblicas descabelladas desde ese lado de las vías. (Bultmann afirmaba que los Evangelios eran "mitología.")

Como Jesús sabía del complot para matarlo (Jn 7:1), el tiempo era de suma importancia para Él, para el Dueño del Tiempo, así que evitó ser atrapado por los Fariseos y ser ejecutado antes del Tiempo Señalado. Jesús quería que las cosas salieran como Él quería; ser arrestado cuando estuviera listo para ser arrestado; ser condenado cuando estuviera listo para ser condenado; y ser ejecutado cuando estuvi-

Capitulo 6: Conclusión

era listo para ser ejecutado, y no antes; es decir, en la Fiesta de la Pascua del 3 de Abril del año 33 d.C.,[16] que coincidiría con el Sábado de ese año en particular (ver Jn 19:31). Como todo lo que Jesus hace es tan bien hecho, Jesús dirigió voluntariamente y hábilmente Su propio destino y sólo admitió Su divinidad y Mesianismo después de la declaración de Pedro (Mt 16:16) porque Su ejecución era inminente. El Señor, Maestro y Creador del Universo, dirigió todos los acontecimientos a su alrededor como un director de orquesta dirige una sinfonía, con la excepción de que los "músicos" no sabían qué "notas" iban a tocar a continuación.

La combinación de los Tres Factores Contribuyentes y el Secreto Mesiánico revela por qué el pueblo Judío no aceptó a Jesucristo como el Mesías Celestial predicho que era entonces y sigue siendo ahora, una falta crónica de fe que continúa hasta hoy en todas las formas del Judaísmo rabínico con la excepción del movimiento "Judíos Mesiánicos" (u otros grupos similares): un sistema de creencias religiosas que se contradice fatalmente a sí mismo, y por lo tanto, no puede ser tomado en serio. Mezclar el Judaísmo con Catolicismo no funciona; es inútil hacerlo. O se practica el Judaísmo o el Catolicismo, pero no ambos a la vez. La razón es que el Judaísmo y el Catolicismo son dos religiones separadas y distintas que tienen creencias opuestas, por lo que no se pueden mezclar religiones si sus creencias entran en conflicto. Por ejemplo, a la cabeza de la lista está el hecho de que en el Catolicismo, Jesús es a la vez hombre y Dios en una Persona divina. El Judaísmo enseña que eso no es cierto. Ese es el conflicto número uno. Número dos, el Judaísmo enseña que no existe el Pecado Original, y el Catolicismo enseña que sí existe. Número tres, el Catolicismo enseña que Jesús murió para redimir a toda la raza humana, mientras que el Judaísmo enseña que eso no es cierto. Número cuatro, el Catolicismo enseña que María, la madre de Jesús, nació sin la "mancha" del Pecado Original, y como los Judíos no creen en el Pecado Original, tampoco creen en ese principio Católico, y así sucesivamente. Así que ya ves, es muy fácil demonstrar que no se pueden mezclar ambas y llegar a una religión lógica y coherente de practicar porque entran en conflicto. Muchas prácticas del Judaísmo quedaron obsoletas con la venida de Cristo.

Hablar En Parabolas y El Camino A Emaús

"Y dijo: Ve y dile a este pueblo: 'Oyen y escuchan, pero no entienden; ven y ven, pero no perciben'" (Is 6:9).

Hay un vínculo muy interesante entre Jesús hablandole en parábolas a las multitudes y el incidente del Camino a Emaús, y tiene que ver con que Jesús es el Mesías Celestial y no el mesías terrenal que los Judíos estaban esperando. Con respecto a las parábolas, en el Evangelio de San Mateo encontramos:

"Se acercaron los discípulos y le dijeron: '¿Por qué les hablas en parábolas?' Él les respondió: 'A ustedes se les ha dado a conocer los secretos del reino de los cielos, pero a ellos no'" (Mt 13:10-11). La enseñanza principal aquí es, los "secretos" de los que habla Jesús es Él mismo. Que Dios Padre enviaría a Su Hijo al mundo para redimir la raza humana era un "secreto" del Cielo, un secreto contenido de forma velada en las profecías de los Profetas del AT, pero ahora, ¡el "secreto" está delante de ellos! ¡En persona! "Es decir: con los oídos van a oír palabras, pero no van a entender el significado oculto de esas palabras; y con ojos veran mi carne por seguro, pero no discernirán la divinidad." [17]

Continuando con el Evangelio de San Mateo:

"Porque al que tiene se le dará más, y tendrá en abundancia; pero al que no tiene, aun lo que tiene se le quitará. Por eso les hablo en parábolas, porque viendo no ven, y oyendo no oyen, ni entienden. Con ellos sí que se cumple la profecía de Isaías que dice: 'A la verdad oyen pero nunca entienden, y a la verdad ven pero nunca perciben'" [Is 6:9] (Mt 13:12-14).

En este pasaje, Jesús le está diciendo a los discípulos que "al que tiene," es decir, al que tiene Fe y cree que Jesús es el Hijo de Dios, el Mesías Celestial (y no el mesías terrenal), se le dará más Fe, pero al que no tiene esa Fe, incluso la poca fe que tienen se le quitará porque no son digno de ella. Los Judíos están viendo y oyendo al Mesías Celestial, pero no son conscientes de ese hecho porque no esperaban que fuera el Hijo de Dios en forma humana debido en gran parte a las falsas enseñanzas mesiánicas de los Fariseos. "Al que tiene el deseo y el celo, a él le serán dadas todas las cosas que son de Dios; pero al que carece de éstas, y no contribuye con la parte que le corresponde, a él tampoco le son dadas las cosas que son de Dios, sino que aun las que tiene le son quitadas; no porque Dios se las quite, sino porque se ha hecho indigno de las que tiene." [18]

"O, a los Apóstoles que creen en Cristo se les da, pero a los Judíos que no creyeron en el Hijo de Dios se les quita, incluso cualquier bien que parezcan tener por naturaleza. Porque no pueden entender nada con sabiduría, ya que no tienen la cabeza ni la sabiduría." [19] "Porque a causa de la oscuridad de su discurso, cegados no entendieron las palabras del Señor, y no entendiéndolas, no creyeron en Él, y no creyendo en Él, lo crucificaron" [20] (ver Jn 12:37).

"Estas cosas que los Apóstoles vieron y oyeron son tales como Su presencia, Su voz, y Sus enseñanzas. Y en esto los pone no sólo delante de los malos, sino incluso delante de los buenos, pronunciándolos más bienaventurados que incluso los justos de antaño. Porque no sólo vieron lo que los Judíos no vieron, sino también lo que los justos y los

Profetas deseaban ver y no habían visto. Porque ellos [los justos y los Profetas] habían visto estas cosas sólo por la fe, pero éstos [los Apóstoles y otros] por la vista, y aún más claramente. Ya ves cómo identifica el AT con el Nuevo, pues si los Profetas hubieran sido siervos de alguna Deidad extraña u hostil, no hubieran deseado ver a Cristo." [21]

"Porque el corazón de este pueblo se ha puesto torpe, sus oídos no están oyendo y sus ojos se han cerrado, porque si percibieran con sus ojos, y oyeran con sus oídos, y entiendan con su corazón, hubieran regresado a mi para que los sane. Pero benditos son los ojos de ustedes porque ven, y sus oídos porque oyen. En verdad les digo, muchos Profetas y justos desearon ver lo que ustedes ahora ven que no vieron, y oír lo que ustedes ahora oyen que no oyeron" (Mt 13:15-17).

Jesús le está diciendo a los discípulos en este pasaje que los corazones de los Judíos se habían vuelto "torpe": ya no "ardían" por el Señor, y sus oídos "no estaban oyendo": no "escuchaban" a Dios, no lo obedecían, y "sus ojos se habían cerrado": no entendieron bien las profecías mesiánicas, porque fueron reducidas a las aspiraciones nacionalistas por los Fariseos, y esto les impide ahora "ver" (la "viga" en sus ojos) y percibir que el Mesías Celestial, el Verdadero Mesías, está justo delante de ellos, hablándoles en persona (ver Hechos 28:25-31). Los hombres justos y los Profetas de la antigüedad una vez anhelaron el privilegio y la oportunidad de haber visto y oído al Mesías en persona como todos ellos lo están viendo y oyendo ahora. "O está hablando de la bienaventuranza de los tiempos Apostólicos, a cuyos ojos y oídos les fue permitido ver y oír la salvación de Dios, habiendo deseado muchos Profetas y justos ver y oír lo que estaba destinado a ser en la plenitud de los tiempos." [22]

La verdadera identidad de Cristo no se conoció con certeza, ni siquiera por sus Apóstoles, hasta después de su Resurrección, e incluso entonces, algunos de sus discípulos albergaban dudas. El Evangelio de Lucas contiene unos pasajes muy popular que revela esta verdad.

"Ese mismo día, dos de ellos iban a una aldea llamada Emaús, a unos once kilómetros de Jerusalén, y conversaban sobre todas estas cosas que habían sucedido. Mientras conversaban y discutían, Jesús mismo se acercó y se fue con ellos. Pero sus ojos estaban velados, impidiéndoles reconocerlo. Y les dijo: '¿Qué conversación es esta que tienen mientras caminan?' Y se detuvieron, con el rostro triste. Entonces uno de ellos, llamado Cleofás, le respondió: '¿Eres tu el unico forastero en Jerusalén que no sabe las cosas que han sucedido alli en estos días?' Y él les preguntó: '¿Qué cosas?' Y ellos le respondieron: 'Sobre Jesús de Nazaret, que fue un **profeta** poderoso en obras y palabras ante Dios y ante todo el pueblo, y cómo nuestros sumos sacerdotes y gobernantes lo entregaron para ser condenado a muerte y lo crucificaron. **Pero esperábamos que él seria el que iba a redimir a Israel.** Sí, y además de todo esto, ya es el tercer día desde que esto sucedió. Además, algunas mujeres de nuestra compañia nos asombraron. Fueron al sepulcro temprano por la mañana y no encontraron su cuerpo; y regresaron diciendo que incluso habían tenido una visión de ángeles que les dijeron que estaba vivo. Algunos de los que estaban con nosotros fueron al sepulcro y lo encontraron tal como las mujeres habían dicho; pero a él no lo vieron.' Y él les dijo: **'¡Oh, hombres insensatos y tardos de corazón para creer todo lo que dijeron los profetas!** ¿No era necesario que el Cristo sufriera

Capitulo 6: Conclusión

estas cosas y entrara en su gloria?' **Y comenzando por Moisés y todos los profetas, les interpretó en todas las Escrituras lo referente a él.** Cuando se acercaron a la aldea donde iban, parecía que él iba ir más lejos, pero lo obligaron diciendo: 'Quédate con nosotros, porque está atardeciendo y el día ya está muy avanzado,' asi que entró para quedarse. Mientras estaba sentado a la mesa con ellos, tomó el pan, lo bendijo, lo partió, y se los dio. Se les abrieron los ojos y lo reconocieron; pero él desapareció de su vista. Se dijeron uno al otro: **'¿No ardía nuestros corazónes mientras nos hablaba en el camino, mientras nos explicaba las Escrituras?'** Y se levantaron en ese momento y regresaron a Jerusalén; y encontraron a los Once reunidos y a los que estaban con ellos, quienes dijeron: '¡El Señor ha resucitado verdaderamente y se le apareció a Simón!' Entonces le contaron lo que había sucedido en el camino y cómo lo reconocieron al partir el pan" (Lc 24:13-35) [énfasis mío].

La primera cosa de notar aquí es la palabra "**profeta**," que ellos consideraban a Jesús como un "profeta poderoso en obras y palabras." Esto demuestra que no eran conscientes de que Él era Dios encarnado, el Hijo de Dios. La segunda cosa de notar aquí es, "…**esperábamos que él seria el que iba a redimir a Israel.** La "redención de Israel" era sinónimo con la liberación del dominio Romano dirigida por el mesías terrenal esperado. Esto es bastante prueba de que estos dos discípulos, junto con quién sabe cuántos otros mas, esperaban que Jesús iba a ser el esperado mesías terrenal que iba a liberar a Israel del dominio Romano. Santo Tomás de Aquino confirma este punto aqui: "Pues esperaban que Cristo redimiera a Israel de los males que se levantaban entre ellos **y de la esclavitud Romana**" (Catena Aurea, San Lucas, p. 775, Teófilo; ver Hch 1:6) [énfasis mío].

En este pasage, Jesús los llama 'tontos' por no entender el contenido real de las profecías mesiánicas que hablaban de un Mesías Celestial y no de un mesías terrenal. Por eso, Jesús les "interpretó" y les explicó las profecías bíblicas: para hacerles comprender que el mesías terrenal que esperaban los Judíos, y que incluso ellos mismos estaban esperando que fuera Jesús, era una burda interpretación errónea de las profecías Mesiánicas y una reducción a una aspiración nacionalista.

Capitulo 6: Conclusión

Después de que Jesús les dió la interpretación correcta de las profecías Mesiánicas, que Jesús no era el mesías terrenal que estaban esperando ("…**esperábamos que él seria el que iba a redimir a Israel**"), sino que Jesús era el hijo de Dios y el Mesías prometido por los Profetas, sus "**corazones ardieron**" dentro de ellos al tener la interpretación correcta de las Escrituras, y entonces, se diéron cuenta quién era Jesús de **verdad**, el Verdadero Mesías e Hijo del Dios Viviente que vino a redimir al mundo entero, no sólo a los Judíos. También se dieron cuenta que los Fariseos y maestros se habían equivocado grandemente en referencia al Mesías profetizado por los Profetas. Desgraciadamente, muchos Judíos siguen esperando ese mesías terrenal, uno que nunca va a venir porque Jesucristo era Y ES el Mesías profetizado que ya vino, cumplió Su Misión, ascendio al Cielo, y esta sentado a la derecha del Padre para interceder por nosotros diariamente.

Es interesante notar que estas dos personas en el camino a Emaús reconocieron que era Jesús "al partir el pan" (Lc 24:31). ¿Cómo es posible? Cleofás no estaba en la Última Cena cuando Jesús "partió el pan" por primera vez, y el otro individuo que estaba con él no era un Apóstol, pues la Escritura dice que ambos "regresaron a Jerusalén; y encontraron a los Once reunidos y a los que estaban con ellos" (24:33). Sólo los Apóstoles estaban con Jesús en la Última Cena cuando Él partió el pan e instituyó la Sagrada Eucaristía por primera vez. ¿Cómo estos dos, que no estaban presentes en la Última Cena, juntaron la fracción del pan con Jesús sólo tres días después, el día de la Resurrección? La respuesta puede ser que, siendo discípulos, aprendieron acerca de la "Fracción del Pan" de los Apóstoles en algún momento después del arresto de Jesús y antes de comenzar su Viaje de Descubrimiento en el Camino a Emaús. Además, mientras estaban todos juntos discutiendo todo esto en Jerusalén, Jesús se les apareció **de nuevo** y, otra vez, "les abrió el entendimiento para que comprendieran las Escrituras" (24:45). Claramente, Jesús se estaba asegurando de que todos entendieran que Él era el Mesías Celestial profetizado que vino a redimir a la humanidad, no sólo a los Judíos. Pero esta "comprensión" tomo un tiempo, porque en Hechos 1:6, justo antes de que Jesús ascendiera al Cielo, los Apóstoles le pregun-

Capitulo 6: Conclusión

taron: "Señor, ¿restaurarás en este momento el reino a Israel?" (Libéralos de los Romanos.) Por lo tanto, **todavía** no entendían cuál era Su Santa Misión en el mundo. Gracias a Dios, Él es tan Amoroso y Paciente. Muy, muy Amoroso y Paciente.

Parece que la divinidad de Jesús permaneció un secreto desde el momento de su nacimiento hasta el final de su ministerio público cuando tenía unos 30 años, y lo más probable es que nunca realizó milagros ni de niño, ni de adolescente, ni siquiera de adulto antes de su ministerio público, excepto quizás en compañía privada de sus padres, María y José. Esto se confirma, mas o menos, por el hecho de que cuando Jesús leía las Escrituras en la sinagoga de Nazaret, el pueblo donde fue criádo, todos se preguntaban: "¿De dónde ha sacado este hombre esta sabiduría y estos milagros? ¿No es éste el hijo del carpintero?" (Mt 13:54-55). En otras palabras: ¿No es como uno de nosotros, una persona corriente? Evidentemente, sus padres mantuvieron en secreto su divinidad, y con razón, aunque María sabía muy bien que poseía poderes sobrenaturales como se reveló en la Boda de Caná (Jn 2:1-12). Otra prueba de este secreto bien guardado se encuentra en el Camino a Emaús del Evangelio de San Lucas. Aquí, uno de los dos caminantes se llama Cleofás, y Cleofás se refiere a Jesús como un "profeta poderoso en obras y palabras" (Lc 24:19). Según diversas fuentes, Cleofás era el "hermano" de José, el padre legal de Jesús que lo crió desde su nacimiento. Por lo tanto, si Cleofás, un miembro cercano de la familia, no sabía que Jesús era una Persona divina, es porque José y María no se lo revelaron a los miembros de su familia, y mucho menos, a nadie más. (Los profetas no eran Personas divinas.) Era muy importante mantener en secreto la divinidad de Jesús mientras crecía. A la luz de esto, ahora es fácil ver por qué María se enfadó con el niño Jesús después de pasar tres días buscándolo y finalmente encontrarlo en el Templo (Lc 2:48), tal vez María y José estaban muy preocupados que se descubriera Su divinidad sin que ellos estuvieran allí para evitar la exposición de ese secreto; uno que habían guardado durante tanto tiempo. En el v. 51 se dice que después de encontrarlo, Jesús "les fue obediente," probablemente después de que sus padres le recordaron la importancia de guardar ese secreto. De hecho, Jesús, ya adulto, guardó este secreto durante bastante tiempo, revelándoselo poco a poco a sus Apóstoles. Por increíble que parezca, ¡muchos todavía no saben que Él es Dios! ¿Sigue siendo un secreto?

Milagros Eucaristicos

Hay un fenomeno sobrenatural particular, exclusivo del Catolicismo, que no se encuentra en ninguna denominación protestante, ni por cierto, en ninguna otra religión del mundo. Además, es el centro del Catolicismo y del culto Católico: la Sagrada Eucaristía. La Eucaristía (tambien llamada "hostia") es un pedazo delgado y redondo de pan sin levadura, hecho con harina de trigo y agua, que los fieles consumen al final de todas las misas Católicas. La Iglesia Católica enseña que Jesús transformó el pan y el vino en su cuerpo y sangre en la Última Cena con las palabras: "Este es mi cuerpo" y "Esta es mi sangre" (ver Mt 26:26-28) para el alimento espiritual de sus Apostóles, y esto se ha repetido desde entonces en todas las misas Catolicas desde la Ascensión de Cristo al Cielo hace 2000 años para el alimento espiritual de todos los Católicos. Sin embargo, muchos protestantes no creen que la Eucaristía Católica es el cuerpo y sangre de Cristo, sino solo un "símbolo." Tanto las Escrituras como la ciencia moderna aportan abundante evidencia en defensa de la divinidad de Cristo, y con respecto a la Eucaristía, los resultados de los análisis incontrovertibles de los milagros Eucarísticos están abriendo los ojos incluso a los ateos más acérrimos.

Un ejemplo (de muchos) se encuentra en el libro "Un Cardiólogo Examina a Jesús," del Dr. Franco Serafini. En las páginas 49-50 hay un relato detallado de un análisis científico de una muestra tomada de una hostia Católica consagrada (que están hechas de harina de trigo sin levadura) que se había convertido milagrosamente en carne viva en una iglesia Católica Romana Argentina en 1996. Un análisis de esta hostia milagrosa fue realizado el 20 de Abril de 2004 por el "Prof. Frederick Zugibe, médico forense jefe y cardiólogo del condado de Rockland, en Nueva York. Su perfil académico, compuesto por descubrimientos científicos y numerosas publicaciones, junto con su experiencia de treinta años de diez mil autopsias, es cuando menos, impresionante" (p. 49).

Capitulo 6: Conclusión

Mirando la muestra en el microscopio sin saber lo que era (no se lo dijeron), el Dr. Zugibe dijo: "Soy especialista del corazón. El corazón es *lo mío*. Esto es tejido muscular cardiaco, procedente del ventrículo izquierdo, cerca de una zona valvular. Este músculo cardiaco está inflamado; ha perdido sus estrías y está infiltrado por leucocitos." Como los leucocitos sólo pueden existir en un organismo vivo, la muestra que estaba examinando era una muestra "viva" (¡tenía ya ocho (8) años!). Cuando le preguntaron al Dr. Zugibe: "¿Cuánto tiempo sobrevivirían estos leucocitos si el tejido se pusiera en agua?" Esta muestra del huésped milagroso se había conservado en un vial lleno de agua destilada desde 2001, durante tres años. "Se disolverían en pocos minutos y dejarían de existir," fue su respuesta. Cuando por fin le dijeron lo que era esa muestra, y cómo se había conservado hasta entonces, el Dr. Zugibe exclamó: "¡Absolutamente increíble! Inexplicable para la ciencia." Sin que él lo supiera, el pedazo de músculo cardíaco que había examinado pertenecía al mismísimo Dios, Jesús el Cristo. "Bienaventurados los que no han visto y creen" (Jn 20:29).

Esto es prueba cientifica e incontrovertible que la Santa Eucaristía si ES el verdadero cuerpo, sangre, alma, y divinidad de Jesucristo. En su libro, "Un Cardiólogo Examina a Jesús," el pedazo de la Eucaristía que el estaba examinando con su microscopio era actualmente carne humana que contenia sangre, glóbulos blancos, glóbulos rojos en proceso de autólisis, hemoglobina, leucocitos, y de echo, ¡la carne misma todavia esta viva bajo el microscopio! No habia explicacion cientifica de este milagro. Y ¡la carne de esta muestra todavia esta viva hasta hoy! Este es solamente uno de muchos casos documentados cientificamente mundial. Para mas, lean: "Milagros Eucarísticos," por Joan Carroll Cruz. Todos los milagros sobrenaturales son dados por Dios a la humanidad para atraer almas a su única y Santa Madre Iglesia, la Iglesia Catolica. Otros milagros Católicos con el mismo propósito se enumeran en el libro "Los Incorruptibles," tambien por Joan Carroll Cruz. En este libro se encuentran santos Católicos fallecidos que parecen estan solamente durmiendo sin corrupción ninguna después de ser exhumados aunque fallecieron hace cientos de años.

Capitulo 6: Conclusión

Como la Eucaristía es el cuerpo, la sangre, el alma y la divinidad de Dios en la persona de Jesucristo, ¡es el objeto más valioso en el mundo! Y lo mejor de todo es que podemos obtenerla gratuitamente con una sola condición: debemos ser miembros de la Iglesia Católica en "buena posición," es decir, en el "estado de gracia": libres de pecado grave (mortal). Ninguna otra cosa puede compararse en valor; ni el dinero, ni las joyas, ni los bienes inmuebles, ni el poder. El valor especial de la Eucaristía nos lo dio el mismo Cristo.

La Santa Iglesia Católica Romana es la única "Iglesia" Cristiana cuya historia se remonta a Jesucristo y sus Apóstoles. La única. Es la Iglesia Cristiana original, establecida alrededor del año 33 d.C. por Dios mismo en la persona de Jesucristo: Dios y hombre en una sola Persona Divina. El primer uso registrado de la palabra "Católica" que significa "Universal" se atribuye a San Ignacio de Antioquía alrededor del año 110 d.C. Así que desde aproximadamente el año 110 d.C. en adelante, el nombre "Católica" ha sido usado para referirse a la Iglesia que Jesucristo fundó para el beneficio de la humanidad, y específicamente, "Católica Romana" para referirse a la Iglesia Católica original que Jesús estableció con Pedro como su primer Papa seguido por sucesivos papas hasta el actual Papa Leo XIV, el 267° Papa y líder de la Iglesia Católica Romana.

El hecho mismo de que Cristo resucitó de entre los muertos y los Fariseos, Saduceos y Escribas continuaron con su incredulidad e incluso persiguieron a los seguidores de Cristo es bastante notable, pero no sorprendente. Jesús le dio a sus discípulos y seguidores una parábola en este respecto: "Había un hombre rico, que se vestía de púrpura y lino fino y hacía cada día banquetes opíparos. Y a su puerta yacía un pobre llamado Laz'arus, lleno de llagas, que deseaba alimentarse con lo que caía de la mesa del rico; además, los perros venían y le lamían las llagas. El pobre murió y fue llevado por los ángeles al seno de Abraham. Murió también el rico y fue sepultado; y en el Hades, estando en el tormento, alzó los ojos y vio de lejos a Abraham y a Laz'arus en su seno. Y clamó: 'Padre Abraham, ten piedad de mí, y envía a Lázaro para que moje la punta de su dedo en agua y refresque mi lengua; porque estoy angustiado en esta llama.' Pero Abraham le dijo: 'Hijo, recuerda que tú recibistes en vida tus bienes, y Laz'arus males; pero ahora él se consuela aquí, y tú estás angustiado. Y además de todo esto, entre nosotros y ustedes se ha fijado un gran abismo para que los que quieran pasar de aquí para allá, no puedan, y nadie pueda cruzar de allí a nosotros.' Y él dijo: 'Entonces te ruego, padre, que lo envíes a casa de mi padre porque tengo cinco hermanos, para que los avise, no sea que ellos también vengan a este lugar de tormento.' Pero Abraham dijo: 'Tienen a Moisés y a los Profetas; que los oigan.' Y él respondió: 'No, padre Abrahán; pero si alguien va a ellos de entre los muertos, se arrepentirán.' Y él le dijo: 'Si no oyen a Moisés y a los Profetas, **tampoco se convencerán aunque alguien resucite de entre los muertos**'" [a saber, Jesús] (Lc 16:19-31) [mi énfasis].

Personalmente, creo que Jesús se refirió a sí mismo como "Hijo del hombre" por dos razones principales: (1) para ocultar su divinidad (en vez de usar "Hijo de Dios"); (2) para evitar que los Judíos, que esperaban un mesías/rey terrenal para liberarlos de los Romanos, le asignaran los títulos de "mesías" y "rey" a Él (ver Jn 6:15). La Enciclopedia Católica (en el apartado "Hijo del hombre") afirma que en la época de Cristo, el término Hijo del hombre no era muy conocido como título mesiánico, y como Jesús quería mantener en secreto su identidad divina, ésta puede ser una de las razones por las que utilizó con frecuencia este término al referirse a sí mismo: para mantener el foco de atención en su humanidad. Sólo en el Evangelio de San Marcos, "Hijo del hombre" aparece 14 veces. El Secreto Mesiánico, junto con los Tres Factores Contribuyentes, aseguró el éxito de la Santa Voluntad de Dios: El Sacrificio de Jesucristo en la Cruz para redimir a la raza humana. La Redención de la raza humana exigió la muerte sacrificial de Dios encarnado. ¿Por qué un precio tan alto? Porque nada más era capaz de restaurar la relación rota entre la raza humana y Dios debido al Pecado Original de la desobediencia de Adán y Eva, los primeros seres humanos. El Padre Leslie Rumble señaló: "Dios quiso que la balanza de la justicia se equilibrara, y para eso **un hombre tenía que morir por el pecado del hombre**" (Radio Replies, # 439, p. 228). Por eso, el Hijo de Dios, a través de María, se hizo hombre, y con su muerte expió el pecado del hombre.

¿Pero por que Jesus tuvo que sufrir y morir? San Pablo dijo: "De echo, abajo de la ley, casi todo es

Capitulo 6: Conclusión 103

purificado con sangre, y **no hay perdon de los pecados sin el derrame de sangre**" (Heb 9:22). El hecho de que Jesús murio voluntariamente por nosotros es prueba de la inmensidad del Amor Supremo que tiene Dios por nosotros: "Nadie tiene mayor amor que el que da la vida por sus amigos" (Jn 15:13). Como Dios Padre creó todas las cosas por Cristo, con Cristo, y en Cristo, su Unico Hijo, fue justo y necesario que la Redención de la raza hu- mana fuera realizada por Él. La siguiente explica- ción me la dio el Padre Michael Tabit:

Por Qué Jesús Murió Por Nuestros Pecados

Adán y Eva no poseían las "cualidades," mejor dicho, el "rango" necesario para redimirse. Incluso, si hubieran pasado el resto de sus vidas prostrados en el suelo como prueba de que estaban arrepentidos de su pecado, no hubiera sido suficiente. Explico esto mejor con dos ejemplos. Supongamos que dos soldados se envuelven en una pelea a piñazos y uno accidentemente le mete un piñazo en la boca a un capitán visitante de otra ciudad que inten- to parar la pelea. Aunque el soldado que le dio el piñazo será castigado después de disculparse con el capitán, el capitán encargado de ese soldado que dio el piñazo, que representa la unidad del soldado, también tiene que darle la disculpa al capitán visitante, rango por rango, porque la disculpa del soldado por sí sola no es suficiente.

Otro ejemplo: supongamos que la Reina de Inglaterra está visitando los Estados Unidos y va por la calle con el Presidente de los Estados Unidos durante un desfile en una limusina convertible con la capota bajada. Un alborotador en la multitud lanza un tomate bien maduro y le da a la Reina directamente en la cara. Aunque el alborotador capturado tiene que disculparse ante la Reina por su transgresión, el propio Presidente, que representa los Estados Unidos, también tiene que disculparse con la reina, rango por rango, porque la disculpa del alborotador por sí sola no es suficiente.

Cuando Adán y Eva, representando la raza humana, ofendieron a Dios con su pecado de desobediencia, su Pecado Original, sus propias disculpas personales a Dios no fueron lo suficientemente buenas para expiar su ofensa. Ellos no poseían las calificaciones, el "Rango," para darle una "disculpa"

Capitulo 6: Conclusión

adecuada a Dios. Si se hubieran disculpado por toda la Eternidad prostrados en el suelo, todavía no hubiera sido suficiente. La "Disculpa" a Dios tenía que ser hecha por una persona que tenia el mismo Rango que tiene Dios. Y por eso, el Hijo de Dios, Jesús, que tambien es Dios y tiene ese Rango, bajo del Cielo, se hizo hombre, y representando a ambos, hombre y Dios, pudo darle esa "Disculpa" a Dios y restaurar la relación rota entre Dios y la raza humana, y lo hizo a traves de su muerte en una Cruz. Como todo lo que existe fue hecho "por medio de Él, con Él, y en Él, sólo Él, Jesucristo, fue la Persona adecuada y perfecta para cumplir esa Mision aqui en este mundo. Y si preguntas, ¿Pero por que Jesus tuvo que sufrir tanto y morir? Vuelvo y repito, San Pablo dijo: "De echo, abajo de la ley, casi todo es purificado con sangre, y **no hay perdon de los pecados sin el derrame de sangre**" (Heb 9:22).

Entre otras cosas, el Libro del Apocalipsis muestra claramente cómo Cristo llama a la humanidad al arrepentimiento y a la conversión para salvarnos del Infierno Eterno después de la muerte, porque Él vino y murió en la Cruz hace 2000 años para restaurar la relación rota entre la raza humana y Dios y abrir las Puertas cerradas del Cielo para todos, debido al Amor Supremo que tiene por cada uno de nosotros. Y la manera más fácil y segura de llegar al Cielo es permanecer unidos a Él: obedecerlo a Él y a Sus enseñanzas a través de la Santa Iglesia que Él estableció. Dios Padre ordena el mundo a través de la Nueva Alianza establecida por Su Hijo, Jesucristo, que "pagó el precio" con Su propia sangre y nos "compró," redimiéndonos de la posesión del diablo, pero el diablo, el mundo y la debilidad de nuestra propia carne pueden ser - y son - obstáculos en nuestro camino al Cielo que tenemos que superar hasta que finalmente dejemos este mundo por la puerta de la muerte y entremos en el Cielo por toda la eternidad. Si no escuchamos a Dios, si no le obedecemos ni seguimos la Iglesia que Él estableció para nuestro beneficio eterno, es probable que no lleguemos al cielo. Entonces, ¿Por qué arriesgarnos? Haz lo correcto y obedece a Dios mientras aún tengas tiempo de tu lado. El tiempo puede ser un amigo o un enemigo. ¡Conviértelo en tu amigo!

"Por lo tanto, ceñid sus entendimientos, sean sobrios, pongan su esperanza plenamente en la gracia que les llegará cuando Jesucristo sea mani-

Capitulo 6: Conclusión

festado. Como hijos obedientes, no se conformen a las pasiones de sus antigua ignorancia, sino, como aquel que los llamó es Santo, sean también ustedes santos en todas sus maneras de vivir; porque escrito está: 'Sean santos, porque yo soy santo'.... Y en esto sabemos que lo conocemos, si guardamos sus mandamientos. El que dice 'Lo conozco,' pero desobedece sus mandamientos, es mentiroso, y la verdad no está en él; pero el que guarda su palabra, en él verdaderamente se ha perfeccionado el amor a Dios. En esto sabemos que estamos en él: el que dice que permanece en él, debe andar como él anduvo.... Quien gobierna sus pasiones es dueño de su mundo. Debemos dominarlas o ser esclavizados por ellas. Es mejor ser un martillo que un yunque" (1 Peter 1:13-16; 1 John 2:3-6; Sto. Domingo).

Cuando yo afirmé anteriormente varias veces que Jesús estableció una Nueva Religión, el Catolicísmo, la Verdadera Religión de seguir desde Cristo en adelante para merecer la Salvación (ir al Cielo), todo esto es cierto. Sin embargo, tengan en mente que el Catolicísmo y el Judaísmo están íntimamente ligados ya que el Catolicísmo es la "perfección" del Judaísmo. Por eso, el Catolicísmo incorpora muchos elementos Judaicos en su interior. Los Judíos creían erróneamente que el Mesías venía a salvarlos sólo a ellos, cuando en realidad venía a redimir a toda la raza humana. Aquellos que aceptan esta verdad y se unen a la Iglesia que Él estableció son conocidos como Católicos. Pero esto no significa que los que practicaron y siguen practicando el Judaísmo no se van a salvar, porque San Pablo dijo: "...un endurecimiento ha sobrevenido a una parte de Israel, hasta que éntre el número completo de los Gentiles, y así se salvará todo Israel.... Porque los dones y la llamada de Dios son irrevocables" (Rom 11:25, 26, 29).

Es bueno querer ir al Cielo y disfrutar de la vida eterna en perfecta dicha y felicidad para siempre, pero muchos no saben o no quieren creer que necesitan ser salvados para llegar allí. Muchas personas no son conscientes del Pecado Original y de su pecaminosidad. Muchos piensan que llegarán al Cielo sin religión, sin ayuda de nadie. Algunos dicen: "Soy mejor persona que esos locos religiosos." Esto es falso orgullo: "Dios se opone a los soberbios, pero da gracia a los humildes" (Sant 4:6). A los hombres no les gusta humillarse, y menos, ser humillados por otros. Es mas, prefieren disfrutar de los placeres que este mundo puede darles aquí y ahora en vez de renunciarlos por los placeres que Dios nos ofrece en una vida futura. Son ciegos a las terribles y horrorosas consecuencias de sus pecados. Jesús dijo: "El que ama su vida [en el mundo] la pierde [en el Infierno], y el que aborrece su vida en este mundo, la conservará para la vida eterna [en el Cielo]" (Jn 12:25; [mío]). ¡Consejo muy sabio!

"Usar bien esta vida es el camino a traves de la muerte hacia la vida eterna." (San Juan Almendro)

Notas Finales

1. Cf. *Catena Aurea* (*CA*), Luke, p. 169. Bede; *CA*, Luke, p. 170. Bede; ver 1 Cor 2:6-9.
2. https://www.newadvent.org/cathen/14144a.htm.
3. www.jewishvirtuallibrary.org/judaism-s-rejection-of-original-sin; www.jewishvirtuallibrary.org/jews-for-jesus.
4. www.jewishvirtuallibrary.org/pharisees-sadducees-and-essenes.
5. www.jewishvirtuallibrary.org/the-messiah.
6. *CA*, Vol II, St Mark, p. 30. Theophyl.
7. www.catholic.org/saints/saint.php?saint_id=376.
8. *Radio Replies* (*RR*), Fr. Leslie Rumble, # 374-75, p. 203; # 376, p. 204; # 379, p. 205; # 380, p. 206.
9. *RR*, # 142, p. 96.
10. *CA*, Vol II, St Mark, p. 29. Theophyl.
11. Rv. 5:5.
12. Lk. 1:34-35.
13. Lk. 1:26-35.
14. See *RR*, # 123, p. 86; # 124, p. 87; # 125, p. 87.
15. *The Messianic Secret*, William Wrede. Cambridge: James Clarke & Co., 1971.

16. ncregister.com/search?q=when+Jesus+died.
17. *CA*, Volume 1, St. Mt., Part 1, p. 486. Gloss.
18. *CA*, Volume 1, St. Mt., Part 1, p. 485. Chrys.
19. *CA*, Volume 1, St. Mt., Part 1, p. 485. Jerome.
20. *CA*, Volume 1, St. Mt., Part 1, p. 488-89 Aug.
21. *CA*, Volume 1, St. Mt., Part 1, p. 490. Chrys.
22. *CA*, Volume 1, St. Mt., Part 1, p. 489. Hilary.

Sobre el Autor

Juan Novo nació en La Habana, Cuba, siete años antes que el régimen comunista de Castro tomo el control totalitario de esta floreciente isla paradisíaca, y que eventualmente, la convirtió en un espectro aislado y degradado de su antigua gloria. Llegó a EE.UU. no acompañado cuando tenía nueve años a través de la "Operación Pedro Pan," una operación clandestina que logró rescatar a más de 14,000 menores Cubanos no acompañados del endoctrinamiento comunista y control por el régimen comunista de Castro. La operación, que finalizó con la Crisis de los Misiles Cubanos en 1962, fue dirigida por monSeñor Bryan O. Walsh, de la Catholic Welfare Bureau en Miami, Florida.

A los diecinueve años, Juan se había convertido en un músico profesional y se ganaba la vida como percusionista tocando música en la zona de San Francisco contratado por los estudios Warner Brothers en una banda llamada "Fat City." En 1976, se graduó del Spokane Falls Community College con títulos tanto en teoría musical como en reparación y restauración de instrumentos musicales, y lleva 50 años ejerciendo como técnico profesional en este campo.

El Sr. Novo fundó el Comité de Investigación y Desarrollo de la Asociación Nacional de Técnicos Profesionales de Reparación de Instrumentos de Banda (NAPBIRT) en 1983, y fue aquí donde le "picó" por primera vez el "gusanillo de la escritura de investigación." Juan acabó publicando una obra titulada "The Grenadilla Story" (La Historia de la Grenadilla), un estudio de investigación en profundidad sobre la madera negra Africana, una madera dura Africana que se ha utilizado para fabricar instrumentos musicales de viento/madera durante más de un siglo. El informe reveló que la preciada madera estaba al borde de la extinción, lo que condujo años más tarde a programas de replantación con éxito. El Sr. Novo ha escrito artículos técnicos de reparación y restauración publicados en la revista comercial de la Asociación, "TechniCom." Su trabajo con instrumentos musicales han aparecido en varios documentales de televisión y se han publicado artículos sobre él y su trabajo en periódicos, revistas y publicaciones periódicas nacionales y extranjeras. Aunque Juan cambió de profesión y se dedicó a tiempo completo a la reparación de instrumentos musicales en 1976, siguió tocando la percusión como "pasatiempo" y ha actuado en conciertos con leyendas del jazz como Dizzy Gillespie e Ira Sullivan.

Desde 1983, el Sr. Novo fabrica boquillas de madera de Grenadilla de modelo profesional para la flauta de concierto de metal que tocan hoy en día flautistas aficionados y profesionales por todo el mundo entero. Entre 1981 y 1984, el Sr. Novo obtuvo dos patentes estadounidenses sobre diseños de instrumentos musicales. Una de ellas, la patente # 4,685,373, es para la flauta transparente FANTASIA que inventó en 1984: una flauta transparente de calidad profesional que se ilumina con luces de colores durante la interpretación. El primer instrumento de este tipo, construido en 1985, fue encargado por el difunto Julius Baker, flautista principal de la Orquesta Filarmónica de Nueva York. Este instrumento fue adquirido posteriormente por el fallecido flautista de Latin-Jazz neoyorquino Dave Valentin y aparece en uno de sus álbumes titulado "Light Struck." La flauta FANTASIA entró en la historia de las patentes de EE.UU., ya que fue el primer instrumento musical de viento iluminado al que la Oficina de Patentes de EE.UU. concedió una patente. Como consecuencia de ello, hubo que crear una nueva división para ella, y al día de hoy, sigue siendo el único instrumento de este tipo en su clase.

A finales de los 80, Juan fue durante un tiempo editor del "Sunshine Jazz Messenger," el boletín de la Sunshine Jazz Organization de Miami, y en 1990, su boquilla de flauta Grenadilla, interpretada por Dave Valentin, apareció en la banda sonora de la película "Havana," protagonizada por Robert Redford. Este folleto, "Quién Dices Que Soy Yo?" y el libro, "Una Raza Redimida" son los últimos y mas importantes escritos de investigación del Sr. Novo. Juan es Católico practicante, miembro de los Caballeros de Colón, y un ávido estudioso de la teología y la filosofía Católica. Actualmente trabaja a tiempo parcial para una empresa que se dedica a la educacion musical para niños.